CÓMO SUPERAR LOS MIEDOS Y SER FELIZ

editorial kier

Colección:

SUGERENCIAS PARA VIVIR MEJOR

1. Cómo superar los miedos y ser feliz
Beatriz Goldberg

2. Parejas tóxicas
Beatriz Goldberg

CÓMO SUPERAR LOS MIEDOS Y SER FELIZ

Beatriz Goldberg

kier

Goldberg, Beatriz
Cómo superar los miedos y ser feliz / Beatriz Goldberg ; edición literaria a cargo de Darío Bermúdez. - 1a ed. - Buenos Aires : Kier, 2009.
128 p. ; 20x14 cm. - (Sugerencias para vivir mejor)

ISBN 978-950-17-3151-4

1. Autoayuda. I. Bermúdez, Darío, ed. lit. II. Título
CDD 158.1

Editor:
Darío Bermúdez
Diseño de tapa:
Javier Saboredo
Composición tipográfica:
Panorama
Corrección de pruebas:
Lorena Bustos
LIBRO DE EDICION ARGENTINA
ISBN: 978-950-17-3151-4
Queda hecho el depósito que marca la ley 11.723

Av. Santa Fe 1260 (C 1059 ABT), Buenos Aires, Argentina.
Tel: (54-11) 4811-0507 Fax: (54-11) 4811-3395
http://www.kier.com.ar - E-mail: info@kier.com.ar
Impreso en la Argentina
Printed in Argentina

Introducción

El miedo, un enemigo de dos caras

Este libro nace de la convicción, avalada por mi experiencia profesional, de que es posible controlar y vencer los miedos que nos impiden tener una vida plena. Para lograrlo, es preciso saber qué es el miedo, por qué surge, cuándo constituye una manifestación normal, y hasta positiva, y cuándo adquiere un sesgo negativo. Luego, es preciso trazar un mapa de nuestros miedos para ubicarlos, elaborar un idéntikit de ellos –conocer de qué modo se manifiestan– y, por último, poner manos a la obra para desactivar su carga negativa. Las páginas que siguen constituyen un manual práctico, una guía de primeros auxilios, para salir de las situaciones de temor y para evitar que vuelvan a dominarnos.

El miedo tiene dos caras. Su condición dual está marcada desde el sentido mismo de la palabra "miedo" que, según el Diccionario, de la Real Academia Española, es una "perturbación angustiosa del ánimo por *un riesgo o daño real o imaginario*". Dada su doble cara, el miedo no siempre es un sentimiento que hay que combatir porque, en muchos casos, nos permite, lisa y llanamente, sobrevivir en un mundo que está lleno de peligros. Es porque tenemos miedo de morir ahogados que no nos internamos en el río o en el mar si no sabemos nadar. Es porque tememos correr el riesgo de un robo que cerramos las puertas de nuestras casas con llave. Es porque les tenemos miedo a los efectos dañinos del colesterol sobre nuestra salud que nos cuidamos con la dieta (o, al menos, lo intentamos).

Ésta es la faceta positiva del miedo, la que nos impulsa a evitar acciones y situaciones que podrían poner en riesgo nuestra intimidad física o emocional. Es decir que se trata de *un miedo funcional.* Quien no le teme a nada, generalmente, es alguien que, por alguna razón, niega los riesgos que implica estar en el mundo. Tal vez, su angustia frente a los riesgos es tal, que prefiere decretar en su imaginación que se encuentra en un mundo libre de peligros. Algunos fanáticos de los deportes de riesgo, de la velocidad y las situaciones límite carecen del mecanismo capaz de encender la luz roja de alarma que nos indica que estamos en peligro.

Durante mi vida profesional, he visto desfilar por mi consultorio muchos pacientes que se consideraban a sí mismos "valientes" porque permanentemente vulneraban toda norma de seguridad y no sentían miedo de hacerlo. Carecer de todo miedo indica algún tipo de disfunción en el aparato psíquico. Dado que el miedo, cuando se lo siente en su justa medida, tiene como objetivo la preservación, la carencia absoluta de él suele ser la manifestación de una capacidad destructiva que se disfraza de valentía. "No me va a pasar nada" es la muletilla preferida de aquellos que se consideran exceptuados de los riesgos que existen para el resto de los mortales, de aquellos que no detectan "el riesgo o daño real" que menciona la entrada del Diccionario para la palabra "miedo".

Quienes le temen a todo o a cosas muy específicas, sin que haya algún justificativo de orden racional para experimentar ese sentimiento, se encuentran en las antípodas de quienes se consideran exceptuados de sufrir cualquier daño. Los miedosos patológicos, a los que el temor por un hecho real o imaginario les impide la acción, aquellos a los que el temor los paraliza impidiéndoles llevar a cabo una vida normal. La mayoría de las personas tenemos, por ejemplo, miedo de viajar en avión. Ese miedo recorre una amplia escala, que va del temor vago al miedo angustioso, y cualquiera de las mediciones de ésta es aceptable, siempre y cuando no nos impida la acción. Si el temor al avión no nos impide viajar a través de ese medio de transporte, nos encontramos frente a un miedo normal cuyo desarrollo, invariablemente, está relacionado con nuestra propia historia. Esto no significa que no podamos pedir ayuda a un profesional para lograr manejar esta situación y sufrir menos, pero, en todo caso, se trata de trabajar ese miedo para hacer los viajes más placenteros. Otra cosa muy distinta es cuando el temor al avión nos restringe la vida misma. En este caso, podemos hablar de una verdadera "fobia paralizante" que tiene una incidencia negativa en nuestra existencia: aunque se den las circunstancias indicadas para poder viajar, nosotros preferimos no hacerlo y, así, nos vamos cerrando cada vez más puertas y oportunidades.

Temerle a algo hasta el punto de quedar paralizados disminuye nuestra calidad de vida mucho más de lo que nosotros mismos pensamos. Una paciente me contaba con angustia, en mi consultorio, que había perdido un importante puesto ejecutivo en una empresa por su negativa a viajar a los Estados Unidos y a Europa por temas laborales. Su temor fóbico al avión concluyó en un perjuicio muy grande para su vida: la pérdida del trabajo. Otra paciente, cuyos temores tenían fundamento, salvó a su hija de sufrir un accidente al guiarse por algunos datos objetivos: su hija planificaba irse de vacaciones con tres amigas más, una de las cuales era una chica que carecía de todo mecanismo de advertencia respecto de los peligros. Debido a la irresponsabilidad con que conducía, ya había tenido varios accidentes menores. Aun ante el riesgo de quedar como una madre sobreprotectora, mi paciente apeló a toda su autoridad materna para prohibirle a su hija de 18 años el viaje. Mientras se dirigía hacia la costa, el auto volcó en una curva que la chica que carecía de miedos había tomado a toda velocidad. Todas salvaron su vida, pero tuvieron lesiones graves que implicaron un largo tiempo de recuperación. La hija de mi paciente, que se había quedado en la casa mortalmente ofendida con su madre, con esta experiencia comprendió, de una vez y para siempre, que, como se dice vulgarmente, "el miedo no es zonzo" y que, en algunos casos, es preciso escuchar la voz interior que nos advierte sobre un peligro inminente.

Estos dos ejemplos muestran a las claras dos cosas:

a) Que existe un miedo funcional que es positivo porque sirve a la autopreservación y la preservación de los seres que amamos.
b) Que existe un miedo patológico, que no es funcional, sino destructivo en la medida en que nos paraliza poniéndole límites a nuestra calidad de vida.

Este libro está destinado a todas aquellas personas que padecen de miedos no funcionales, autodestructivos, que las paralizan impidiéndoles la acción. Estos miedos están relacionados con determinadas angustias que no pueden resolverse y que se expresan a través de temores excesivos de diferente tipo. Cuando un miedo descontrolado está muy tipificado, como el temor a viajar en avión, hablamos de una fobia. Hay gente que le teme con exclusividad a los lugares cerrados (claustrofobia), a los lugares abiertos (agorafobia), a los aviones, etcétera. La fobia es un miedo que ha firmado con quien la padece un decreto de exclusividad: se teme algo muy específico. Quizá, puedan aparecer también temores en otros rubros, pero nunca alcanzarán el elevado nivel de la fobia.

Dado que, como dijimos, el miedo es la consecuencia de una angustia no resuelta, a diferencia de la fobia, el temor suele encarnarse en objetos diversos. Un viaje puede generar la misma angustia que un anuncio de bomba y, en otra circunstancia, ese miedo al viaje puede ser un motivo de alegría porque el miedo –la angustia– ha elegido otro objeto para encarnarse.

Hasta ahora, hablamos de miedos concretos: el avión o el viaje. Estos miedos son más fáciles de detectar precisamente porque se expresan a través de situaciones objetivas. Aunque existen otros miedos que, a veces, ni siquiera llegamos a detectar como tales, por ejemplo, el miedo a vivir, a asumir responsabilidades en general, a padecer enfermedades, a tener relaciones afectivas que nos hagan sufrir, a la inseguridad económica cuando no tenemos razones verdaderas para temerle, a la crisis global, a la soledad, al amor, al crecimiento, al rechazo, a quebrar los mandatos familiares, a mostrarnos tal cual somos, a tener éxito e, incluso, a tener miedo. Éstos no son una respuesta a una amenaza real, sino a una amenaza imaginaria, a una angustia que nos invade y cuyo agobio expresamos bajo la forma del temor.

El miedo no es lo contrario a la valentía. Muchas personas que se dedican a practicar deportes de riesgo, como escalar montañas, o a tareas muy riesgosas que asumen sin titubear, pueden sentir temor a arriesgarse afectivamente o a entablar una relación amorosa.

Reconocer nuestro miedo como imaginario es el primer paso para comenzar a controlarlo. ¿Qué significa controlar un miedo? Reducir su esfera de acción para que no nos impida actuar. Para dar un ejemplo concreto, controlar el miedo a amar significa que podamos formar una pareja y entregarnos a ella, aunque alguna vez ese miedo se cuele por algún lado. Significa que podamos romper con los mandatos familiares para permitirnos construir nuestra propia vida, aunque, de vez en cuando, sea necesario redoblar esfuerzos para mantenerlo a raya. Significa entregarse con todo a la maravillosa empresa de vivir, incluso si nos produce algún temor.

Todos aquellos lectores que estén dispuestos a firmar un pacto de convivencia con los miedos que los paralizan encontrarán, en este manual práctico, un método para identificar sus temores, podrán reconocer sus manifestaciones y accederán a una batería de *tips* y sugerencias para aprender a controlarlos.

Tener una vida plena no consiste en no temerle a nada, sino en tener los temores bajo control para que no nos impidan disfrutar y crecer interiormente. Existe una línea muy delgada que separa el temor que nos protege de un riesgo real del que nos "protege" de un riesgo imaginario. También existe una línea que separa a la autoconfianza de la omnipotencia. No se trata de creerse capaz de afrontar todo, sino de conocer nuestros límites y de mantener a raya nuestros temores imaginarios. Si tenemos sentimientos religiosos, podremos confiar en Dios o podremos generar la autoconfianza del modo que mejor se adecue a nuestro modo de ser.

Si están dispuestos a vencer los temores sin fundamento, den vuelta la página y continúen con esta guía para dejar de sentirnos angustiados por amenazas que sólo existen en nuestra imaginación.

Capítulo 1

Miedo a vivir

- *Cómo vencerlo y afrontar los desafíos con éxito.*
- *Los signos del miedo a vivir que nos permiten detectarlo.*
- Tips *prácticos para combatirlo.*

Cada día, al despertarnos, asistimos a un nuevo nacimiento. Y nacer es el primer desafío al que nos enfrenta la vida. Para llegar a este mundo tenemos que atravesar nueve meses de gestación y, luego, enfrentarnos al trauma de abandonar el seno materno. Pero incluso antes de nacer, nuestro ser en formación enfrenta desafíos. Desde que somos concebidos, enfrentamos el desafío de crecer en el vientre de nuestra madre, de adoptar la posición precisa para nacer. La vida entera, desde la concepción, es un gran desafío, dado que, en cada circunstancia nueva que se plantea, debemos enfrentarnos a lo desconocido. Por eso, quien no puede enfrentar los desafíos, quien rehúsa enfrentarse a situaciones en las que se siente expuesto, pone en evidencia su miedo a vivir. Éste puede evidenciarse de diferentes formas e incluso en las situaciones aparentemente más intrascendentes. Los ejemplos prácticos que siguen permitirán entender mejor en qué consiste el miedo a vivir.

El caso de Celia: una mujer que superó sus dificultades y salió al mundo

Celia tenía 54 años cuando llegó a mi consultorio. Acababa de morir su madre, a la que le había dedicado la vida, por lo que se había constituido, de este modo, en la "santa" de la familia. Celia era la menor de cuatro hermanos. Como era la más chica y la única nena, su madre no tardó en convertirla en su "preferida". Con el padre sucedió otro tanto, por lo que Celia creció como la "perlita" de la familia, como la niña mimada que todo lo hacía bien. Sus conflictos empezaron a ponerse en evidencia cuando comenzó la vida escolar. No se adaptaba a la escuela; en primer grado, lloraba porque no soportaba estar fuera de su casa y, sobre todo, se sentía muy abrumada por la confrontación con sus compañeras y su maestra, para las que no era el centro, a diferencia de lo que sucedía en su casa. En la escuela, debía aprender a defenderse, a confrontar con chicas que venían de hogares diferentes al de ella y que, por lo tanto, tenían otros hábitos y formas de proceder. Terminó la primaria a fuerza del tesón de sus padres y de mucho sufrimiento de parte de ella.

En el colegio secundario, la historia se repitió para Celia, pero agravada. Sólo soportó el primer año. En segundo año, cuando sus compañeras le pedían que fuera a algún baile con ellas, le hablaban de chicos y comenzaron con sus primeros romances adolescentes, Celia no soportó enfrentarse a las situaciones a las que se enfrentaban todas sus compañeras. No le faltaba inteligencia. Al contrario, era una alumna brillante. Por esta razón, y con la anuencia de sus padres que consideraban que Celia era una chica demasiado "sensible e inteligente" como para que pudiera convivir con compañeras tan "vulgares y agresivas", dejó el colegio y, con la ayuda de su madre y de algunos profesores particulares para que pudiera entender los contenidos que le resultaban más dificultosos, dio todas las materias libres hasta que terminó quinto año.

En este largo proceso, que implicó terminar el colegio secundario sin asistir a clase, Celia transformó su casa en un verdadero búnker y generó la fantasía de que su hogar era el mundo y el único sitio en el que se sentía segura, porque allí estaban sus padres y hermanos para decirle que ella era perfecta y que todo lo hacía bien. Además, también alimentó la fantasía de que para sentirse bien, no necesitaba más que a sus seres queridos más próximos. Cada vez que salía, lo hacía acompañada por algún familiar y siempre era para cumplir con alguna tarea práctica, como comprar algo en la farmacia o hacer alguna otra compra. Los momentos de esparcimiento y distracción, los pasaba con sus hermanos, con los que iba, de vez en cuando, al cine, al teatro o a algún concierto.

Al acercarse a los 20 años, se enamoró de uno de los amigos de sus hermanos. Por primera vez, sentía que algo incontrolable bullía dentro de ella; algo que la casa paterna no era suficiente para contener. Tejió silenciosamente una serie de ilusiones que jamás le comunicó a nadie y alentó expectativas infundadas de que formaría una pareja con el amigo de su hermano, algunos años mayor que ella. Sus ilusiones se derrumbaron estrepitosamente cuando el chico que le gustaba fue a su casa de visita con la novia. Para Celia fue una decepción tan dolorosa que decretó la clausura de su corazón. Desde entonces, evitó todo contacto con el sexo opuesto y se mantuvo a distancia prudencial de los amigos de sus hermanos.

Sin que ella lo supiera, con ese episodio del que nadie se percató, ella se retiró definitivamente del mundo. Sus hermanos se fueron casando y paulatinamente abandonaron su casa. Su padre enfermó y murió, y ella consagró su vida a su madre anciana, la que se transformó en su única razón para vivir. Cuando su madre murió, Celia sintió que la fortaleza que había sido hasta ese entonces su hogar se derrumbaba. Nunca había trabajado y, aunque sus padres le habían dejado un respaldo, necesitaba generar más dinero para poder vivir sin sobresaltos. La casa le resultaba demasiado grande, no tenía amigas, no tenía pareja y, sobre todo, no tenía ningún contacto con el mundo. Entró en un profundo estado depresivo por el que consultó al viejo de la familia, y éste le aconsejó que comenzara a hacer psicoterapia.

Aunque, de acuerdo con los hechos que acabo de relatar, parece evidente que Celia siempre le tuvo miedo a la vida, ella no era consciente de este problema porque "la vida", para Celia, estaba constituida por su pequeño mundo hogareño. La terapia consistió, fundamentalmente, en dosificar los desafíos. Para que se sintiera contenida, en cada sesión organizábamos la rutina de los días siguientes. Progresivamente, le iba agregando tareas más complejas y que supusieran un alejamiento mayor de su casa, desde tramitar la pensión de su madre hasta ir al consultorio del abogado que debía hacerle la sucesión. La rutina incluía, algunas veces, que se sentara en una confitería a tomar un café, por lo menos veinticinco minutos, y observara detenidamente a la gente. De esta forma, Celia comenzó a salir al mundo y, en cada sesión, empezó a evidenciar la alegría que le daba poder bastarse a sí misma y poder resolver los pequeños desafíos diarios.

Fue así como, al cabo de algunos meses de terapia, descubrió que había vivido fuera del mundo, sencillamente porque vivir le daba miedo. Aquella frustración afectiva de su juventud había sido su único dolor de amor porque jamás había querido volver a enfrentarse a una situación como ésa. Hace un tiempo, cuando ya hacía unos meses que había terminado su terapia, me llamó para contarme que se mudaba porque había comenzado una relación sentimental con un compañero del club al que yo le había recomendado que fuera a hacer gimnasia. Se sentía feliz como una adolescente. No siempre llegar al mundo significa nacer. Hay gente, como Celia, que nace cuando comienza a perderle el miedo a vivir.

EL MIEDO ENCUBIERTO

No toda persona que tiene miedo a vivir lo expresa de una forma tan contundente como Celia. Liliana, una paciente mía de 35 años, me consultó porque siempre que cada una de sus parejas le planteaba la convivencia, "casualmente", ella descubría que quien tenía a su lado no era "el hombre de su vida". Daniel, de 45, me consultó porque no lograba ascender en su trabajo. Pero la terapia demostró que, pese a que él manifestaba abiertamente su deseo de ascender, inconscientemente, lo boicoteaba para no enfrentar el desafío de un puesto superior. Diego, de 23 años, se convirtió en el "intelectual" de su grupo de amigos, porque siempre prefería quedarse leyendo un libro antes que ir a bailar. De esta forma, según vimos en su terapia, evitaba pasar por el desafío de enfrentarse al sexo opuesto.

Podría enumerar muchísimos otros casos en que el miedo a vivir se encuentra encubierto incluso por una simpatía desbordante (como en el caso de Diego) o de un deseo de progreso expresado a los cuatro vientos (como en el caso de Daniel). Hay gente que parece muy vital, pero, sin embargo, tiene todo tipo de estrategias "evitativas" que están destinadas, precisamente, a evitar enfrentarse con los desafíos que plantea la vida, sea en el área laboral, afectiva, de la amistad o en todas ellas juntas.

Las estrategias "evitativas" que evidencian miedo a vivir

El miedo a vivir puede ponerse en evidencia, como hemos visto, a través de conductas evidentes y de conductas que no lo son tanto. Lo que sigue es una descripción que elaboré observando a mis pacientes.

Mariela es adolescente. Cuando ve un grupo de varones en la calle, cruza, para evitar que le digan un piropo o algo desagradable. Teme la confrontación con el sexo opuesto.

Jorge, de 45 años, no termina nada de lo que comienza. Dejó su carrera universitaria, no completó el curso de computación que le hubiera servido para ascender en la empresa donde trabaja, nunca terminó la casa que se hizo construir y vive siempre en obra, en una situación eternamente provisoria, valga la paradoja. Su miedo a vivir se pone en evidencia con su incapacidad para culminar proyectos.

Adriana, de 38 años, es periodista. Con frecuencia, en la revista para la que trabaja, le ofrecen hacer viajes a diferentes lugares del mundo o del país. Ella siempre pone alguna excusa para no tener que ir. Teme enfrentarse al avión, a los colegas con quienes deberá viajar, al fotógrafo que tiene asignado, a la situación de hacer una nota en un lugar que no conoce. En suma, le tiene miedo a lo desconocido. Sólo se siente a salvo dentro de su rutina.

Julio, de 43 años, jamás entra a un negocio a comprarse ropa. Mientras estaba soltero, se la compraba su madre. Al casarse, comenzó a comprársela su esposa. Pese a que es diseñador gráfico, por lo que entiende mucho de combinación de colores, no sabe combinar los colores de su ropa, es desprolijo y descuidado para vestirse. De esta forma, evita entrar en contacto con su cuerpo que es, precisamente, su presencia en la vida.

¿Tengo conductas "evitativas" que son signos de miedo a vivir?

Un test de autoconocimiento: marque con una cruz el casillero que corresponda y, al finalizar, cuente las preguntas que ha contestado con un "sí".

Actitudes "evitativas"	Sí	No
Me cuesta entregarme afectivamente.		
Continuamente pospongo lo que tengo que hacer, desde visitar al dentista hasta realizar el viaje que siempre soñé.		
Tengo dificultades para establecer relaciones afectivas, sobre todo, cuando alguien me gusta mucho.		
Si me siento enamorado/a, me asusto mucho y, en vez de comunicar mis sentimientos al ser amado, prefiero confiar en que es sólo una fantasía que se me pasará.		
Intento no ilusionarme con nada para no tener que desilusionarme.		
Le temo tanto al fracaso que prefiero no intentar nada.		

Soy tan autoexigente que nunca me siento prepara-do/a para pasar un examen, hacer el informe que me pidieron, presentarme al *casting.* Siempre pienso que debo prepararme un poco más.		
Evito cualquier tipo de confrontación. No soy muy sincero, desde mis posturas políticas así como con mis gustos o preferencias en el aspecto estético, para no estar en desacuerdo con las personas que me rodean.		
No compito con nadie, en ninguna circunstancia, sea una conquista amorosa, un puesto de trabajo o, simplemente, brillar en una reunión.		
Prefiero evitar siempre las situaciones en las que hay gente que no conozco. Por eso no me gustan las fiestas.		
No me gustan mucho las sorpresas, incluso si son buenas. Lo imprevisto me hace sentir inseguro.		
Veraneo, desde la adolescencia, siempre en el mismo lugar. No me gusta ir de vacaciones a un sitio desconocido.		

Resultados

De 1 a 4 respuestas por Sí

Usted logra, la mayoría de las veces, poner bajo control su miedo a vivir. Quizá, no sea consciente de que lo padece, pero intenta frenar los impulsos que llevan a la inacción. Sólo en algunas oportunidades muy precisas o en determinados períodos de su vida es el miedo el que vence.

Debe trabajar más sobre esas situaciones, aprender a detectarlas y luchar contra ellas. Por el momento, su miedo a vivir no interrumpe su vida normal, pero si no trabaja sobre esas situaciones frente a las que tiene conductas "evitativas", el número de éstas comenzará a ampliarse. Es necesario que esté atento a los límites entre "autopreservación" y "miedo". Para establecer la diferencia pregúntese, en cada oportunidad en que evite enfrentarse a algo, qué consecuencias negativas puede tener eso para su vida. No sea temerario, pero trate de desarrollar más la autoconfianza.

De 4 a 8 respuestas por Sí

Usted se encuentra en un límite peligroso y debe comenzar a preguntarse qué es lo que ha perdido hasta el momento por tener conductas "evitativas". Es muy probable que ya se haya cerrado varias puertas y posibilidades de dicha por miedo a vivir. Usted debe entender que "vivir" significa "arriesgar" y que, como lo expresa el conocido dicho, "el que no arriesga, no gana". Concéntrese en los *tips* para controlar el miedo a vivir que encontrará a continuación y vuelva a contestar el test en dos o tres meses. Si observa que la situación no ha variado, es hora de que consulte con un profesional que lo ayude a poner sus miedos bajo control. De todos modos, ponga en práctica los *tips* siempre. Con perseverancia, conseguirá buenos resultados.

De 8 a 12 respuestas por Sí

Usted ha traspasado un límite peligroso. Su miedo a vivir tiene real incidencia en su vida, y si su miedo se prolonga en el tiempo, su existencia acabará por empobrecerse. Lea atentamente los *tips* para controlar el miedo a vivir y ponga manos a la obra de inmediato. No tema, además, consultar con un profesional. Aunque su miedo haya invadido varias áreas de su vida, es posible revertir la situación si usted es perseverante. No se deje ganar por el desánimo, pero tome conciencia de que se encuentra en una situación ante la que debe actuar inmediatamente. Declárese en "emergencia emocional" y asígnele a vencer el miedo a vivir todos los recursos de los que dispone.

Tips prácticos para vencer el miedo a vivir

- Luego de hacer el test, hágase cargo de la situación y no lo considere ni un problema menor ni pasajero. Las cosas se solucionan, pero no se solucionan solas, sino con acciones concretas.
- Trace un plan de acción para enfrentar las situaciones que le producen miedo sin saturarse ni autocastigarse. Por ejemplo, si las fiestas le producen miedo, trate de rodearse de las mejores condiciones para asistir a una sin sentirse "perdido". Vaya acompañado si siente terror de quedar aislado en un rincón o pídale al anfitrión que le presente a alguien. Vístase con ropa con la que se sienta bien y prepárela con antelación. Trate de establecer contacto con los invitados que le resulten más simpáticos. Lo mismo vale para cualquier otra situación de las que prefiere evitar.
- Los riesgos de una acción determinada se pueden estimar, aunque no se pueden medir con exactitud. Por eso, cuente de antemano con que no siempre logrará lo que persiga, pero no permita que eso lo frustre. Perder algo material o emocional no es una catástrofe. Convénzase de que siempre es posible intentar de nuevo y que, a veces, lo que se contabiliza como una pérdida puede terminar siendo una ganancia.
- Disminuya el nivel de autoexigencia. Sus acciones no deben tener siempre una culminación exitosa. El éxito mayor consiste en animarse a llevarlas a cabo.
- Quítele dramatismo al "fracaso". Toda acción conlleva una experiencia adquirida. Sólo fracasa el que no intenta.
- No se exija perder el miedo a vivir desde el principio. Una acción aparentemente intrascendente, como animarse a hablar en una reunión o en una clase y convertirse, por un momento, en el centro de la atención, puede procurarle satisfacción y autoconfianza.
- Revise su autoestima. Probablemente, le teme a la vida porque se considera menos dotado que el resto de las personas para

enfrentar desafíos. Usted debe comprender que esto es sólo una fantasía: todos tenemos las mismas posibilidades de aceptar desafíos.

- Trate de incrementar su resistencia a la frustración, de cualquier tipo que ésta sea. Frustrarse es una de las experiencias a las que, inevitablemente, nos enfrenta la vida. Quien no intenta de nuevo, se queda con la frustración. Una frustración no es un fracaso, es sólo un suceso esperable cuando se acepta el riesgo de vivir.
- Gratifíquese todo lo que pueda con aquellas cosas que le hacen bien. Gratificarse significa tomar vitaminas espirituales y afectivas.
- Convénzase de que, en cada desafío, el juego no es "a todo o nada". Incluso si las cosas no se dieran como usted espera, habrá recogido la experiencia suficiente como para encararlo mejor la próxima vez.

Para tener en cuenta

El miedo a vivir se manifiesta de diversas maneras, tanto a través de acciones aparentemente sin importancia como de acciones muy trascendentes.

Cuando se padece este tipo de miedo, lo que se teme es, sobre todo, lo desconocido. Por eso, el temor se expresa por medio de conductas "evitativas". Si evitamos viajar a un lugar en el que nunca estuvimos, por ejemplo, evitamos enfrentarnos a lo desconocido.

El miedo a vivir, como cualquier otro miedo, se puede controlar. Esto no significa que el temor desaparezca, sino que, aun sintiéndolo, no nos impedirá vivir una vida plena.

Cuando se teme la vida y ese miedo nos maneja, la existencia se empobrece, el mundo se achica y día a día nos restamos posibilidades de felicidad. Si usted ha detectado que tiene demasiadas conductas "evitativas", no se haga autorreproches ni se preocupe, pero, eso sí, comience a ocuparse hoy mismo de ese miedo. Ocuparse en vez de preocuparse es la clave del éxito.

Capítulo 2

Miedo a la inseguridad económica

- *¿Qué otras inseguridades encubre este miedo?*
- *¿Qué recursos tengo a mi alcance para combatir este temor?*

El dinero no sólo tiene el valor que marcan billetes y monedas. No sólo sirve para adquirir bienes materiales. No sólo permite, cuando se posee en cantidad suficiente, vivir más tranquilo y sin sobresaltos económicos. No sólo hace posible la realización de proyectos y sueños. Además, *tiene un altísimo valor simbólico* en nuestra sociedad. Aunque cuando se habla de dinero se supone que se está hablando de la materialidad por excelencia, esto es sólo parcialmente cierto. Su valor simbólico es tanto o más alto que su valor material. Es cierto que el primero deriva, en gran parte, del segundo. Pero no es menos cierto que, en nuestra sociedad, el valor simbólico del dinero está tan instituido que, por lo general, en nuestras conversaciones diarias nos referimos con mayor frecuencia a su aspecto inmaterial que a su innegable costado material.

¿Qué cosas simboliza el dinero? La respuesta a esta pregunta podría ser interminable, pero puede sintetizarse de la siguiente forma:

– *Simboliza el poder* (quien lo posee, tiene mucho mayor poder de decisión respecto de su vida que el que carece de él).
– *Simboliza el triunfo* (se supone que quien ha amasado una fortuna es porque ha hecho "las cosas bien").

- *Simboliza la invulnerabilidad* (porque la persona que no tiene problemas de falta de dinero está menos sometida a las decisiones del entorno y porque, al menos teóricamente, puede ocuparse con mayor eficiencia tanto de cuidarse física como espiritualmente).
- *Simboliza la conquista amorosa* (un hombre o una mujer poco atractivos, pero con una abultada cuenta bancaria, podrán compensar esa falta de atractivo natural con el atractivo del dinero).
- *Simboliza la felicidad* (porque quienes puedan disponer del dinero suficiente estarán en condiciones de darse todos los gustos que suelen tomarse como sinónimos de felicidad: viajar, conocer el mundo, no tener obligaciones con nadie, disfrutar del ocio, etc.).

A pesar de esto, *estos valores simbólicos del dinero no siempre tienen un correlato con la realidad.* Resulta casi obvio señalar que hay gente muy rica y muy insatisfecha con la vida, mientras hay otra que no posee nada y, sin embargo, sabe disfrutar de ella. Michael Jackson es un ejemplo paradigmático de que no necesariamente el dinero produce bienestar y felicidad. Luego de haber ganado una fortuna, su muerte prematura delató que estaba solo y que la vida le resultaba intolerable, por lo que debía recurrir a pastillas para soportar el dolor psíquico que padecía.

Todo esto demuestra, una vez más, que el valor simbólico del dinero supera mucho a su valor real. Y es ésta, precisamente, la razón por la cual quien le teme a la inseguridad económica, en realidad, no le teme a la falta de dinero como realidad tangible, sino a la falta de dinero como bien simbólico. Lo que no significa que si nos preocupamos por quedarnos sin trabajo, nuestro temor a no poder hacerle frente a nuestras obligaciones económicas es patológico. Pero existe una línea divisoria entre el miedo normal y el miedo patológico. Elina, por ejemplo, tiene un miedo normal a quedarse sin dinero. Como la echaron de su trabajo y le pagaron una indemnización, trata de ser muy ahorrativa para poder buscar un nuevo trabajo con tranquilidad, sin apresuramientos. Es consciente de que el hecho de saber que cuenta con una reserva le confiere la serenidad necesaria para mantener a raya su angustia. Su actitud es positiva, y su temor al futuro, razonable.

Existen, sin embargo, muchos otros casos en los que el miedo a la inseguridad económica no es más que un enmascaramiento de una angustia de otro origen. En cualquier caso, superar ese miedo es posible, enmascare lo que enmascare y signifique lo que signifique.

¿QUÉ SE ESCONDE DEBAJO DEL MIEDO A LA INSEGURIDAD ECONÓMICA?

Claudio llegó a mi consultorio porque desde hacía tres años vivía con la angustia permanente de quedarse sin trabajo, de acabar en la miseria. Al cabo de unas pocas sesiones, comenzó a hablar de su miedo a la pobreza. Sin embargo, nunca la había padecido, ni de chico ni en la adultez. El dinero no le sobraba para derroches, pero su trabajo en relación de dependencia como diseñador gráfico, sumado a los trabajos extras que hacía por su cuenta y el trabajo de su esposa, le habían permitido, a lo largo de los años, ahorrar lo suficiente para comprar su casa, tener su pequeño auto y vivir muy dignamente, aunque sin lujos.

A los 38 años, tenía detrás de sí una considerable trayectoria como diseñador, había trabajado en diversas empresas importantes y tenía mucha experiencia. Sin embargo, aunque nada parecía indicar que fuera a perder lo que había logrado, más allá de los altibajos que pudiera tener la economía, él experimentaba una angustia creciente por su situación. Una pregunta que le hice durante una sesión dio lugar a que saliera a la luz el verdadero problema. Le pregunté si estaba conforme con el lugar que había alcanzado y si no sentía que podía aspirar a más. La incomodidad que le produjo la pregunta me dio la pauta de que allí había un núcleo conflictivo que le costaba poner en palabras.

Trabajamos sobre el tema y la conclusión fue que desde hacía tres años le rondaba la idea de que podría ganar mucho más y tener mayores posibilidades de desplegar su creatividad si se lanzaba a trabajar por su cuenta. Lo que lo detenía era el miedo al fracaso. Tan intenso era ese miedo que ni siquiera se atrevía a pensar en él, sino que lo expresaba por medio del miedo a la pérdida. Revisando su historia personal, pude ver que, en su niñez y adolescencia, sus padres nunca habían respaldado sus iniciativas personales y que siempre le habían inculcado la dependencia de otra persona. Su madre dependía de las opiniones de su marido, es decir, del padre de Claudio. Éste, a su vez, también determinado por su historia personal, dependía de las opiniones de su jefe. Era un hombre rutinario, que encontraba en la repetición eterna su marco de seguridad en la vida. Por esta razón, a Claudio le costaba confiar en su propia capacidad para generar proyectos personales y llevarlos a cabo con éxito.

Su miedo a la inseguridad económica enmascaraba, en realidad, su miedo al fracaso cuando trataba de llevar a cabo un proyecto por cuenta propia. La empresa representaba, de alguna manera, el marco de seguridad que tanto necesitaba y ponderaba su padre. No romper con el designio paterno significaba, a su vez, permanecer bajo "la protección" simbólica de su padre, es decir, no crecer ni decidir por cuenta propia. Por supuesto, éste fue un descubrimiento muy importante para Claudio que, a partir de ahí, pudo trabajar en las sesiones sucesivas sobre la verdadera naturaleza de su miedo y, así, logró superarlo exitosamente.

Para tener en cuenta

El miedo a la inseguridad económica, si sólo es producto de una fantasía, puede encubrir otro miedo más profundo que es el miedo al fracaso por falta de autoconfianza. Por esta razón, hay que estar alerta: si se teme sin razón a la falta de trabajo, a la pobreza y a las restricciones económicas, es más que probable que ese miedo sea, a su vez, la máscara de otro miedo más profundo. La falta de autoestima suele ser la causa más frecuente de este tipo de conflicto. Por eso, cuando se trabaja sobre este punto y se recobra el amor por uno mismo, se recobra también la autoconfianza y la confianza en las posibilidades ciertas de éxito cuando se emprende un proyecto personal independiente. Como todavía, en el siglo XXI, los hombres están socialmente más exigidos en el tema económico, el temor al fracaso suele canalizarse por esa vía. Dado que el dinero simboliza el poder, el miedo a no poseerlo delata falta de confianza en el propio poder para cumplir con un deseo.

Para Juan, en cambio, el miedo a la inseguridad económica encubría otro miedo más profundo: el miedo de no ser lo suficientemente potente como para satisfacer a su pareja. Durante muchos años, se había autoexigido mucho para lograr un buen pasar y lo había logrado. Además de su casa, había invertido en otras propiedades que tenía alquiladas, y la renta de éstas le hubiera bastado por sí sola para vivir dignamente. Su incesante crecimiento económico comenzó a ser menos intenso en el momento en que, movido por el deseo de expansión, cometió algunas imprudencias. Sin embargo, si bien dejó temporalmente de crecer, nunca perdió ni vio comprometido su patrimonio.

Acudió a mi consultorio; precisamente, fue en el momento en que comenzó a experimentar ciertos temores que jamás había experimentado antes a la hora de tener una relación sexual. Incluso, luego de muchos años de mantener una relación estable, manifestó algunos episodios de impotencia. Existía una correlación absoluta en su traspié empresario y sus problemas sexuales. La terapia le sirvió para comprender que, como les sucede a la mayoría de los hombres, el dinero funciona en sus mentes como símbolo de la virilidad y la potencia. Por ende, una merma en sus ganancias generaba también una merma en su energía sexual. Es por eso que los hombres experimentan con mayor frecuencia que las mujeres el miedo a la inseguridad económica.

Para tener en cuenta

Para los hombres de nuestra sociedad, el dinero es un símbolo de potencia y virilidad. Ganarlo en abundancia los hace sentir potentes a nivel sexual. El miedo a la inseguridad económica suele ocultar un miedo más profundo: el miedo a la pérdida de la potencia, a la pérdida de la masculinidad.

Gabriela, de 32 años, llegó a mi consultorio porque sentía una persistente angustia que, por momentos, la hacía fantasear con grandes catástrofes económicas. Aunque trabajaba desde hacía diez años en la misma empresa de electrodomésticos, y nada hacía prever que ese trabajo fuera a cesar, ella se obsesionaba con futuras privaciones, imposibilidad de reinsertarse laboralmente e imposibilidad también de pagar el crédito que acababa de obtener, junto con su novio, para comprar su primer departamento, dado que estaban pensando en casarse.

En pocas sesiones, Gabriela pudo establecer que su fantasía de pobreza futura tenía una relación directa con su casamiento futuro. Estaba de novia desde hacía diez años en lo que parecía un noviazgo que jamás llegaría a su fin. Pero su novio le puso un plazo, y Gabriela, que en realidad lo quería, dijo sí. Sin embargo, no se resignaba a dejar la casa materna donde vivía cómodamente con su hermana y su madre. El miedo a la miseria y sus desmedidas preocupaciones por el crédito que acababan de solicitar encubrían, en Gabriela, un gran temor al cambio: dejar la casa materna –y, por lo tanto, dejar el lugar de hija que aún conservaba, a pesar de su edad–, cambiar de hábitos, tener que hacerse cargo de los aspectos prácticos de la vida que hasta ese momento cubría su madre –de limpiar la casa a ir al supermercado–, abandonar para siempre esa adolescencia tardía que parecía que nunca iba a tener fin.

Para tener en cuenta

El temor a la inseguridad y a las pérdidas económicas puede encubrir otras "pérdidas" que no son tales, pero que son vividas inconscientemente como pérdidas: la seguridad de la casa materna, la falta de compromiso con una relación, la comodidad de no tener que hacerse cargo de los aspectos prácticos de la existencia, la adolescencia eterna.

Su miedo a la inseguridad económica puede encubrir los temores más variados:

- *Miedo a los cambios* de cualquier tipo que éstos sean, desde una mudanza hasta una separación de pareja.
- *Miedo a no ser querido* ni aceptado.
- *Miedo al fracaso* en cualquier área de la vida, desde la material hasta la afectiva.
- *Miedo a la pérdida de potencia sexual y de la virilidad*, en los hombres.
- *Miedo a asumir compromisos*.
- *Miedo*, incluso, *a perder peso* cuando se hace una dieta hipocalórica. Aunque, conscientemente, toda persona excedida de peso se siente bien cuando adelgaza, muchas veces, la pérdida de quilos produce angustia, inconscientemente, porque le significa quedarse "desnuda" frente al mundo, sin la coraza de kilos que la "protegían" simbólicamente.
- *Miedo a ser exitoso* en algo, y que ese éxito modifique, de manera negativa, la relación con los demás si despierta sentimientos de envidia.

– *Miedo a que alguien,* que inconscientemente nos infunde temor –padres, amigos, compañeros de trabajo, etcétera–, *nos "despoje"* de nuestra independencia, de nuestra pareja o del cariño de nuestros hijos.

TIPS PRÁCTICOS PARA COMBATIR EL MIEDO A LA INSEGURIDAD ECONÓMICA

- Cuando el miedo irrumpa, trate de *indagar* dentro de usted mismo *para averiguar* cuál es el miedo que encubre.
- Confeccione, por escrito, una lista completa de todas las cosas que teme perder, exceptuando la seguridad económica y, luego, ordénelas de mayor a menor, es decir, de la que le produce más miedo a la que le produce menos. Repita esta operación en diferentes días. De esta forma, a través de los miedos que aparezcan con mayor frecuencia e intensidad, *descubrirá cuál es el verdadero miedo.*
- *Hágase planteos objetivos*: evalúe su situación económica y, una vez que constató que, en realidad, no existe en ella ningún peligro inminente, tómese de estos datos objetivos como si se tomara de un salvavidas.
- *Comparta su miedo a la inseguridad con alguien* que le pueda dar una opinión objetiva: un contador, un amigo con mucho sentido práctico, un conocido que sea exitoso y gane dinero. El objetivo de esta consulta no es "asesorarse" financieramente, sino *sumar objetividad* a la situación.
- *Pregúntese qué cosas le daban miedo en la infancia,* por ejemplo, la pérdida de un ser querido, la oscuridad, los gritos, determinados muñecos. Luego, asocie con qué elementos de la vida actual podrían relacionarse sus miedos de la niñez.
- *Lleve siempre con usted lápiz y papel* y, cada vez que lo asalte el miedo a la inseguridad, a través de imágenes negativas de pérdidas materiales, anote la fantasía que tuvo, la hora y la circunstancia concreta en que tuvo esa fantasía: una pelea con su

pareja, una discusión con sus hijos, un hecho conflictivo en el trabajo, etcétera. La información que recoja mediante la aplicación de este método, puede ayudar mucho a descubrir cuál es su miedo verdadero.

EL DINERO, LA "MÁSCARA COMODÍN"

Como vimos, *el miedo a las pérdidas materiales suele ser el disfraz de muchos otros miedos* de diferente origen, porque el dinero es una gran metáfora que simboliza muchas cosas. Este temor sólo puede interpretarse de manera casi literal en las personas que han padecido situaciones económicas difíciles en la infancia o adolescencia o que, en la adultez, no han podido superar un traspié económico importante, como una quiebra, el embargo de un negocio, el robo de un bien que produjo un resquebrajamiento importante de su economía, un fracaso rotundo en algún emprendimiento económico en el que se tenían puestas muchas expectativas. En todos los demás casos, puede decirse que el miedo a la inseguridad económica encubre otros miedos más profundos.

Por lo general, *quien teme la inseguridad económica no es consciente de que, en realidad, su temor verdadero es otro*. Como sucede con los sueños, en los que aparecen imágenes que aluden a otras cosas que no están en el "argumento" del sueño –que se llama "contenido manifiesto"–, el temor a la inseguridad económica suele ser una máscara. Por debajo de ella hay un "contenido latente", algo que no aparece de manera explícita pero que, sin embargo, está presente de alguna manera.

Para perder definitivamente el temor a la inseguridad económica, es preciso descubrir cuál es el temor subyacente. El solo hecho de descubrir a qué se le teme realmente produce alivio porque permite "elaborar" ese miedo, cosa que, obviamente, no puede hacerse si se desconoce cuál es el origen de ese miedo.

Capítulo 3

Miedo a asumir responsabilidades

- *Puede sucedernos en el ámbito del trabajo, del estudio o de la pareja. Cuáles son sus síntomas, cómo mantenerlo a raya y vivir una vida plena.*

Como ciertas infecciones, *a veces, el miedo a asumir responsabilidades provoca síntomas difusos difíciles de reconocer.* Por eso, realice el test que sigue y determine si usted es de las personas que temen asumir responsabilidades.

Test

¿Siento miedo de asumir responsabilidades?

Conteste cada una de las siguientes preguntas y, luego, consulte los resultados.

a) *Una amiga lo/la invita inesperadamente a ir un fin de semana a una quinta. Irán otros amigos y hay pileta, por lo que disfrutarán mucho del sol. Su actitud es:*
   - a) Acepta de inmediato (círculo).
   - b) Pide un par de horas para pensarlo (rectángulo).
   - c) De inmediato pone una excusa para no ir: "justo este fin de semana tengo que trabajar"; "justo este fin de semana quedé en ir a la casa de mi prima que hace mucho que no veo" (triángulo).

b) Su pareja, con la que convive hace tiempo, le dice que formalicen la situación y se casen. Su reacción es:

a) En vez de sentir alegría, como supuso que iba a sentir, experimenta angustia y no sabe bien por qué (triángulo).

b) Evalúa los pros y los contras de casarse. ¡Están tan bien así! (rectángulo).

c) Acepta. Es bueno que formalicen el vínculo. De inmediato comienza a hacer proyectos (círculo).

c) Su amiga/o quiere presentarle a alguien por la seguridad que tiene de que se atraerán mutuamente y de que puedan llegar a convertirse en pareja. Su reacción es:

a) Acepta a regañadientes. Tiene la seguridad de que esas cosas nunca salen bien, aunque piensa que nada se pierde con probar (rectángulo).

b) Acepta con alegría. Después de todo, si no le gusta la persona que le presentan, pueden igual pasar un buen momento de distracción (círculo).

c) Se niega terminantemente. A sus posibles candidatos le gusta elegirlos a usted (triángulo).

d) Le confirman que va a ser ascendido/a en su trabajo. Su reacción inmediata es:

a) Alegrarse. Hace tiempo que espera ese acenso (círculo).

b) Angustiarse sin saber por qué (triángulo).

c) Alegrarse, pero no hacerse muchas ilusiones porque no quiere desilusionarse después (rectángulo).

e) Hace tiempo que viene charlando con su pareja acerca de la posibilidad de tener hijos. Están juntos desde hace varios años y ella quiere tener chicos. Su respuesta es:

a) "Ya habrá tiempo para pensar en eso. Todavía nos falta lograr una situación económica más estable" (triángulo).

b) "Bueno, pero determinemos ya mismo de qué modo nos arreglaremos, quién lo cuidará cuando salgamos a trabajar" (rectángulo).

c) "Bueno, no demoremos más el momento" (círculo).

f) Su concepto sobre el amor de pareja es:

a) Que es el pilar más importante sobre el que se apoya la felicidad (círculo).
b) Que es un invento de los románticos. El amor se acaba apenas dos personas que dicen amarse comienzan a convivir (triángulo).
c) Que, como decía Vinicius De Moraes, "debe ser eterno mientras dure" (rectángulo).

g) La actitud frente a su teléfono celular es:

a) No le da el número absolutamente a nadie, excepto a la persona que le tiene más confianza en la vida y con la imprescindible recomendación de que sólo lo/la llame cuando sea imprescindible. Para usted, el celular es muy útil para que pueda llamar a los demás, pero no para que lo/la llamen (triángulo).
b) Se lo da a los amigos íntimos, pero no quiere que lo tengan en su trabajo (rectángulo).
c) Se lo da a todo aquel que se lo pida (círculo).

h) Alguien le regala un cachorrito de perro porque lo ha escuchado decir que los perros le gustan mucho:

a) No lo acepta de ninguna manera, aunque sea tierno y hermoso. Los animales coartan la libertad y usted quiere sentirse libre (triángulo).
b) Lo acepta con mucha alegría (círculo).
c) Lo acepta, pero bajo ciertas condiciones, por ejemplo, que la persona que se lo regaló se encargará de cuidarlo si usted se va de vacaciones, le sale un viaje de trabajo o se enferma (rectángulo).

i) Siente deseos de cortar con su relación de pareja porque considera que no lo/la hace feliz. Su actitud es:

a) Citar a su pareja en un lugar tranquilo, decirle todo lo que le tiene que decir y hacerse cargo de la reacción que pueda tener (círculo).

b) Postergar todo lo que pueda el momento de poner las cosas en claro (rectángulo).

c) Dar vuelta la situación y decirle a su pareja que ha notado que es ella/él, su pareja, la/el que no tiene ningún interés en la relación (triángulo).

j) En su trabajo ha cometido un error y sabe que, en cualquier momento, saldrá a luz. Su actitud es:

a) Advertirle a su jefe sobre el problema y hacerse cargo de su error (círculo).

b) No admitirlo nunca, aun cuando sea evidente que se ha equivocado (triángulo).

c) Hacerse cargo sólo en el momento en que el error quede al descubierto, no antes (rectángulo).

Resultados

Mayoría de círculos

Usted no le teme a las responsabilidades

Al menos en el área de las responsabilidades, usted no siente miedo y hasta *es probable que asuma más responsabilidades de las que le corresponden*, lo que también es un desequilibrio. Si se siente sobrecargado/a con frecuencia, es posible que su falta de miedo a asumir responsabilidades le haga abarcar más de las que puede afrontar. No se sobrecargue. Está muy bien no tener miedo de afrontarlas, pero tampoco hay que caer en la actitud contraria. *Usted no es responsable de "todo" lo que pasa en el mundo.* Su falta de temor es algo positiva, pero debe buscar el equilibrio.

Mayoría de rectángulos

Usted logra superar su miedo a las responsabilidades

Aunque muchas veces siente temor, logra vencerlo y asume las responsabilidades que le corresponden. Eso indica que *su temor inicial no es lo suficientemente fuerte como para inhibir su acción*; aunque, a veces, se tome su tiempo para hacerse cargo de determinadas situaciones y sus allegados se lo reprochen. Trate de comenzar a detectar su período de miedo más tempranamente para poder hacerse cargo con mayor rapidez de lo que le corresponde, ya que la demora siempre tiene un costo afectivo: sus allegados podrán sentirse defraudados por su actitud inicial y, por eso, podrán no valorar el hecho de que usted se haga cargo más tarde. Lo peor es que también *esto tiene un costo para usted*, ya que, si tarda en reaccionar como debe, puede llegar a sentirse mal con usted mismo/a.

Mayoría de triángulos

A usted el miedo a asumir responsabilidades lo paraliza

Debe actuar cuanto antes, debido a que, de lo contrario, puede sufrir pérdidas afectivas muy importantes en el área de la familia, la amistad o la pareja. *Quienes no asumen responsabilidades por temor paralizante tienen dificultades para relacionarse a fondo con las personas*, porque las relaciones profundas implican siempre una responsabilidad. Tanto la pareja como los familiares y amigos se sentirán defraudados por usted cada vez que no pueda hacerse cargo de las responsabilidades que le corresponden. Debe tener en cuenta que la vida nos obliga todo el tiempo a hacernos cargo de nuestros actos y de nuestras omisiones. Lea a fondo este capítulo y descubra cuáles son las causas de su miedo. *Saber por qué experimenta sensación de temor ante las responsabilidades es el primer paso imprescindible para poder solucionar el problema.*

POR QUÉ LES TEMEMOS A LAS RESPONSABILIDADES

- ***Porque tenemos una autoestima baja y nunca creemos que estamos a la altura de las circunstancias.***

Juliana llegó a mi consultorio porque estaba cansada de "fracasar" sentimentalmente con sus sucesivas parejas. Según ella contaba, todo iba bien hasta que, "de pronto, sin ningún motivo", la relación que parecía marchar viento en popa se iba a pique.

Le pedí que me contara *cómo habían sido sus relaciones y encontré que todos sus relatos tenían siempre un elemento en común: cuando parecía que la relación iba a llegar a una instancia superior, ella hacía lo posible y lo imposible (claro está, inconscientemente) para que esa relación llegara a su fin*. Así, con Darío, vivió un noviazgo de dos años, y la relación terminó cuando él le pidió que se fueran a vivir juntos. Con Daniel, la relación duró hasta que él le propuso casamiento. Con Esteban, hasta que él le propuso hacer un largo viaje juntos.

Entonces, le sugerí a Juliana que tratara de analizar pormenorizadamente el miedo que sentía ante estas propuestas y le pedí que anotara los componentes de su miedo; lo que escribió fue: "Siento miedo a alejarme de mi madre" (su madre era viuda y Juliana vivía con ella); "siento miedo de decepcionar a mi pareja, si me conoce más profundamente"; "creo que tengo el mismo miedo que debe sentir un niño cuando se larga a caminar. Temo no poder frenarme cuando lo desee".

En esta instancia, Juliana comenzó, lentamente, a remontar los orígenes de su miedo a las responsabilidades. Su madre había sido muy autoritaria con ella. De hecho, de las tres hermanas, ella era la única que había permanecido junto a la madre y se dedicaba a cuidarla. De chica, siempre había escuchado decir que ella era "la más desvalida", que "no iba a llegar muy lejos", que "no podría arreglárselas sola, como sus hermanas, cuando ella (su madre) ya no estuviera". Juliana creció con la certeza de que estaba menos dotada que la mayoría de las chicas para formar una pareja y para vivir una vida independiente. Por eso, cada vez que una de sus parejas le proponía asumir un nuevo nivel de compromiso, ella sentía que no iba a poder asumirlo, porque ella sólo podía estar al lado de su madre. *Mi misión con Juliana consistió, fundamentalmente, en fomentar su autoconfianza, en levantar su autoestima. Hoy, ha logrado superar sus miedos, convive con su pareja y están planeando tener un hijo.*

- ***Porque hemos tenido padres, relaciones de pareja o jefes muy dominantes y tememos quedar "enganchados" en una nueva situación de dominación.***

El padre de Analía era muy dominante, y ella sufrió tanto por esa razón que quedó marcada por la experiencia y siempre estableció relaciones de sometimiento con sus parejas y sus jefes. Buscando no repetir en ella el rol dominante de su padre, nunca había querido asumir situaciones en que pudiera tener algún poder. Por eso, nunca ascendía en su trabajo y temía convertirse en madre de familia.

Como sucede, por lo general, en estos casos, *ella no era consciente de las razones de su miedo a la responsabilidad. Fue necesario un tratamiento psicoterapéutico para que la verdad saliera a la luz y el miedo fuera controlado.* Afortunadamente, un tratamiento puede lograr no sólo controlar el miedo, sino también *superarlo* de modo que no nos impida vivir una vida plena.

- ***Porque es tanto el deseo de perfeccionismo que tenemos que nunca nos parece el momento justo para concretar nada.***

Carlos era tan perfeccionista, tal era su deseo de ser perfecto, que posponía indefinidamente cualquier tipo de decisión. Por ejemplo, posponía indefinidamente los exámenes que debía dar en la facultad, el momento de abordar a una mujer, de hacerse cargo de esa relación y de casarse, de decidir tener hijos o de asumir una responsabilidad laboral mayor. Ese afán de perfeccionismo tenía que ver con su competencia perpetua con su hermano mayor que, según la familia, era perfecto.

Dado que, *comparado con su hermano, siempre se consideraba en déficit, Carlos se acostumbró a postergar la asunción de responsabilidades para que no lo compararan desfavorablemente con éste. Comprender la razón de su miedo a asumir responsabilidades lo ayudó también a cambiar su conducta. Toda conducta destructiva puede cambiar, si se adoptan las medidas adecuadas.* En materia de miedos, *un pequeño cambio puede ser el comienzo de un gran cambio.*

- **Porque no hemos sido educados en la responsabilidad y no consideramos que la responsabilidad sea un valor.**

Si, de chicos, no hemos visto en nuestras casas el compromiso de nuestros padres con las tareas que realizaban, si no hemos sentido en ellos la valoración de lo que se consigue con esfuerzo, es muy difícil que, en la adultez, estemos dispuestos a asumir responsabilidades sin temor.

Esto era, precisamente, lo que le sucedía a Pablo: debido a que, para él, la responsabilidad no era un valor, sentía temor y agobio cuando se enfrentaba a alguna responsabilidad. Su deseo de modificar su conducta no se manifestó hasta que no corroboró que esta conducta era sumamente perjudicial en su vida porque le impedía cosechar logros. Todo lo dejaba a medio terminar; no era consecuente con su pareja y estaba a punto de perderla; sus amigos terminaban alejándose de él por la misma razón y no tenía un trabajo acorde con sus capacidades, porque eso hubiera implicado una mayor responsabilidad. Fue preciso que remontara su historia para que comprendiera el origen de su miedo. *No hay por qué resignarse al miedo; existen formas muy sencillas de controlarlo y de vivir mejor.*

CÓMO RECONOCER SI PADEZCO MIEDO A ASUMIR RESPONSABILIDADES

Elementos para el autodiagnóstico

Usted tiene miedo a asumir responsabilidades si:

- Pospone indefinidamente la ejecución de cualquier tarea. Cumplirla en tiempo y forma significaría que usted es responsable respecto de lo que debe hacer.
- Es impuntual, porque no se hace responsable por el tiempo de los demás.
- Establece compromisos que no cumple, de una cita para encontrarse un día con un amigo a una promesa de amor.
- Prefiere cultivar el perfil bajo en todas las áreas: mayor visibilidad implica también mayor responsabilidad.
- Le gustaría conseguir un buen empleo, tener una pareja o escribir un libro, pero nunca pasa de la expresión de deseo, porque para lograr todo o algo de estas cosas es preciso que asuma responsabilidades, a las que usted les teme.
- Le cuesta hacerse cargo de lo que usted mismo/a genera, desde una pelea con un amigo hasta la ruptura de una pareja.
- Nunca se autoculpa: de todo tienen la culpa los demás.

TIPS PARA CONTROLAR EL MIEDO

- Esté atento a los síntomas. Cuando sabemos lo que nos pasa, tenemos muchas más posibilidades de combatirlo que cuando lo ignoramos.
- Pregúntese qué es exactamente lo que teme. Cuanto más afinada sea su percepción de aquello que le produce temor, éste será más manejable.
- Si siente ganas de huir, pida ayuda. Por ejemplo, si se siente angustiado/a porque le comunicaron un ascenso en su trabajo, charle este tema con una persona de su entera confianza que esté fuera del ámbito laboral. Contar su problema lo ayudará a tener una visión más objetiva de él.
- En cuanto comience a experimentar los primeros síntomas, escriba detalladamente lo que le pasa. Poner los sentimientos en palabras ayuda mucho a manejarlos.
- Amíguese con su temor y aprenda a convivir con él. De este

modo, poco a poco, cuando pueda comprobar que el miedo no lo paraliza, comenzará a sentirse más fuerte e independiente y reducirá a tamaños perfectamente manejables la agresividad destructiva de ese miedo.

- Confíe en sus propias fuerzas y en la estrategia que implementa para controlar su miedo. Bien dicen que "a travesía más larga, comienza por dar un primer paso". Una vez que se da el primer paso, ya se está en camino hacia la solución.

El miedo a asumir responsabilidades, como vimos, puede tener varias causas, que van de una autoestima baja a una educación en la que se ha enseñado que asumir responsabilidades no constituía un valor importante. En cualquier caso, reconocer ese temor es el primer paso imprescindible para poder controlarlo.

Existen diversos síntomas que dan cuenta de que padecemos miedo a asumir responsabilidades. Tener presente cuáles son estos síntomas y estar atento a su aparición permite controlar el miedo. Los miedos no desaparecen de un día para otro, pero pueden comenzar a controlarse de inmediato si se ponen manos a la obra. Lo importante no es anular el miedo, sino lograr que no nos paralice. Un tratamiento exitoso del miedo es aquel que nos permite registrar nuestro miedo y evitar la parálisis que éste nos produce.

Capítulo 4

Miedo a la soledad

- *Cómo dejar de temerle a un fantasma, hacer de nuestra soledad una fiesta personal y recuperar la alegría. Por miedo a quedarnos a solas con nosotros mismos, a veces, toleramos personas y situaciones que no nos hacen bien.*

El miedo a la soledad es uno de los más extendidos. Casi todos lo padecemos en algún momento de nuestra vida. Cuando una relación de pareja llega a su fin, cuando un amigo entrañable se va a vivir a otro país, cuando perdemos a un ser querido, solemos atravesar por períodos en que el sentimiento de soledad es muy fuerte. Este sentimiento es parte de un duelo necesario, terminado éste, nuestra vida retoma el ritmo habitual, salimos de nuestro aislamiento emocional y comenzamos a sentirnos nuevamente conectados con el mundo.

Aunque tiene "mala prensa", existe una cuota necesaria de soledad que es imprescindible para estar en contacto con nosotros mismos. Por ejemplo, si nuestra pareja se va unos días afuera, por cuestiones de trabajo, disfrutar a solas de nuestra casa puede ser una verdadera fiesta: leer hasta la madrugada con la luz prendida y sin temor a molestar al otro, disponer de toda la cama, comer allí, sin preocuparnos de las miguitas que tanto molestan, invitar a los amigos por los que nuestra pareja no siente tanta simpatía, escuchar la música que no solemos escuchar en pareja, disponer del baño para hacernos un largo tratamiento de belleza o para afeitarnos sin apuro. Lo mismo sucede cuando los chicos están en el colegio y en la casa reina el silencio suficiente como para disfrutar de una hora de lectura o para cultivar nuestro *hobby* favorito. Esto quiere decir que una cuota de soledad bien administrada puede ser una verdadera fiesta.

La soledad puede vivirse como un premio o como una condena. Pero incluso cuando sucede lo segundo, es decir, cuando la soledad nos pesa y se convierte en una especie de prisión, es posible recuperar el placer de disfrutarla.

Hay sentimientos de soledad muy profundos que pueden obedecer a alguna causa externa circunstancial o que pueden ser generados por nosotros mismos por diferentes motivos:

a. *Miedo a la soledad por estar sin pareja.* Dado que no podemos concebir la vida si no es de a dos, nos sentimos mortalmente solos cuando no tenemos a alguien a nuestro lado. En estas circunstancias, la soledad no es percibida como una posibilidad de goce, sino como un castigo.
b. *Síndrome del nido vacío.* Nos sentimos "condenados" a la soledad porque los hijos crecieron. Se da, sobre todo, en las mujeres. Nuestros hijos se fueron de casa, nos encontramos con mucho tiempo libre por delante, sin un destinatario a quien darle nuestro afecto y sin un motivo con el que podamos llenar nuestras horas.
c. *Miedo a quedarnos a solas con nosotros mismos*, porque carecemos de un objetivo trascendente que le dé sentido a nuestra existencia.

Es preciso diferenciar entre *sensación de soledad* y *soledad real*. El fantasma del miedo a la soledad aparece, principalmente, cuando no estamos realmente solos. En verdad, las personas que están realmente solas, por diferentes motivos, logran, por lo general, armar situaciones compensatorias que las ayuden a sobrellevar el problema. Es bastante común que algunas personas mayores carezcan de hijos y otros parientes, por lo que buscan contención en sus pares, organizan reuniones y salen en grupo.

La *sensación de soledad* y el consecuente *miedo a esta sensación* suelen darse en *personas que están físicamente acompañadas, pero espiritualmente solas.* Las razones de la soledad espiritual son diversas y hay que prestarles mucha atención porque el miedo a la soledad es, en general, miedo a ser atacado por la sensación de soledad que hace que el mundo pierda la luz y el color.

Miedo a estar sola por falta de pareja. El caso de Isabel

Isabel tenía 35 años cuando llegó a mi consultorio. Era una mujer atractiva, elegante y con un buen pasar, era una exitosa ejecutiva. Sin embargo, en el área afectiva no era tan exitosa como en el área laboral. Según ella narraba con lágrimas en los ojos, todas sus parejas duraban "apenas un suspiro". Cuando ya había comenzado a hacerse ilusiones, a armar planes de futuro y a fantasear con un amor "que durara para siempre", sus sueños se hacían trizas porque aquel que ella había decidido que era su "príncipe azul" comenzaba a desteñir: o descubría que era casado, o se iba de su lado por temor al compromiso o, sencillamente, se esfumaba de su vida por aburrimiento y sin dar demasiadas explicaciones. Entonces, Isabel entraba casi en pánico. "Nunca me siento más sola que cuando tengo que dormir sola", decía y entraba en una crisis que la hacía sentir la mujer más desdichada de la Tierra.

Su temor a la soledad se calmaba solamente cuando comenzaba una nueva relación que ella denominaba "de pareja", aunque, la mayor parte de las veces, se relacionaba con hombres cuya intención no era tener una relación a largo plazo, sino pasar sólo un buen momento. Era ella la que "adornaba" a los hombres, la que los disfrazaba de enamorados incondicionales y, luego, vivía dolorosas decepciones.

Le pregunté un día por qué no podía estar sola y disfrutar de esa soledad, ya que tenía un hermoso departamento, muchas amigas y el dinero suficiente para poder viajar o darse otros gustos.

Me miró como si no comprendiera mi pregunta. Para ella, la vida era de a dos o "no era vida". Le pregunté, además, por qué pensaba que los hombres terminaban abandonándola, y me dijo que porque se daban cuenta de que ella no tenía mucho valor. Creí que habíamos llegado al punto conflictivo de su vida y no me equivoqué. Le pedí que se describiera físicamente, ella escribió: "No soy demasiado alta; tengo algunos kilitos de más; tengo el pelo rojo flamígero y, por esta razón, fui el hazmerreír de mis compañeros de colegio; soy poco agraciada".

A continuación, le pedí que hiciera una lista que la describiera interiormente. Ésta fue la lista que confeccionó: "Soy una persona sin dones, por lo cual me he concentrado en mi trabajo, he trabajado mucho y he conseguido, así, un puesto que me permite vivir más o menos bien. Aburro a los hombres, que me abandonan cuando descubren que no tengo mucho para ofrecer. A diferencia de lo que les sucede a otras mujeres, carezco de misterios".

Entonces, le dije que, por lo que conocía de ella, esas listas carecían de objetividad; que, desde mi perspectiva, a la primera lista, la podía reescribir así: "Soy más bien alta. Tengo un cuerpo voluptuoso, con curvas. Mi pelo colorado llama la atención. Soy una persona llamativa".

Después le pedí que a cada una de las personas que conocía, a las que les tuviera confianza, les hiciera confeccionar una lista nueva a partir de la que había elaborado ella. Los resultados fueron similares a mi lista. Finalmente, le hice comparar su lista con todas las demás, y ella misma llegó a una conclusión muy importante: se evaluaba a sí misma de manera negativa y sin ningún tipo de objetividad.

Otro tanto sucedió con la segunda lista. Le hice ver que ella era una persona muy valiosa y que no sólo había logrado un puesto porque era muy trabajadora –lo que, de por sí, es muy meritorio–, sino que, además, era muy capaz. No muchas personas de su edad habían llegado al lugar en el que ella estaba.

A la luz de estos dos descubrimientos, comenzamos a revistar sus relaciones de pareja. Dado que se evaluaba a sí misma con parámetros negativos, Isabel pensaba que debía aceptar al primer hombre que se apareciera. Era así como establecía relaciones que no la gratificaban, que estaban muy por debajo de su valor y con las que no tenía nada en común. *Su falta de autoestima la hacía exponerse a situaciones que siempre terminaban mal. Pero, además, no soportaba la soledad de pareja porque, debido a que pensaba que ella no valía por sí misma, el valor sólo podía dárselo otro al elegirla.* Ésta era la razón por la cual no soportaba no tener a alguien a su lado. Su valor debía ser otorgado por otro.

Trabajamos mucho sobre el tema de la autoestima a fin de fortalecerla. Uno de los ejercicios, muy sencillo, que le recomendé es que, durante una semana, llevara un breve diario de sus actividades y, sobre todo, de sus sentimientos frente a determinadas acciones en apariencia tan intrascendentes como tomar el desayuno. Su diario denotaba una gran ansiedad interior que no le permitía disfrutar de los pequeños hechos de la vida que pueden proporcionarnos bienestar y felicidad. *Toda su energía estaba puesta en buscar una pareja y, por esta razón, sólo vivía a medias o, como lo diría el gran escritor Milan Kundera, "vivía en borrador".* Su falta de acierto con las parejas consistía en que ella se ponía "en oferta", es decir, rebajaba su verdadero valor para que los hombres la "compraran".

El diario tenía un objetivo: que hiciera las cosas con mayor lentitud, que fuera consciente de ellas y que, con el tiempo, aprendiera a disfrutarlas. Por ejemplo, le hice ver que no disfrutaba lo suficiente de su departamento, que no podía concebir hacer allí una reunión de amigos, pasar una velada a solas con un buen libro o con un buen DVD. Su gran desafío consistió en aprender a estar sola consigo misma, a disfrutar de su propia compañía. Porque *sólo quien puede disfrutar de estar a solas, consigo mismo, es capaz de elegir cuidadosamente a la persona para estar y disfrutar a su lado.*

Le impuse a Isabel tareas tan sencillas como planificar cuidadosamente sus momentos de ocio...

1. Renovar completamente las plantas del balcón y hacer un pequeño curso de jardinería para mantenerlas bien.

2. Redecorar un rincón con los muebles y objetos que más le gustaran. Ese rincón sería el "epicentro" de la actividad cuando estuviera en su casa. Desde allí mandaría *e-mails*, allí se sentaría a leer o a mirar televisión o algún DVD, allí planificaría su tiempo.
3. *Planificar muy estrictamente cada día y encarar los momentos de soledad de menor a mayor.* En principio, no debía tener muchas horas por delante a solas, porque, de esta forma, estar a solas se transformaría para ella "en un gran desierto". Una vez que su rincón estuvo listo (lo que le implicó estar mucho tiempo en su casa a solas, con ella misma, sin siquiera darse cuenta), le pedí que comenzara con una hora diaria de soledad total y que fuera incrementando la cantidad de tiempo de a quince minutos por día. El tiempo de soledad debe incrementarse de a poco, del mismo modo que se hace con el ejercicio físico en el gimnasio. Por lo tanto, durante los primeros días, una vez terminado su horario de trabajo, debía armar un plan con alguna amiga o amigo: ir al cine, al teatro, reunirse a cenar o a tomar un café. Cada día debía llegar a su casa quince minutos más temprano. Pero también allí sus actividades debían estar cuidadosamente planificadas. *De esta forma, el tiempo que se le presentaba por delante antes de dormir no era un tiempo ilimitado y "muerto", sino un tiempo acotado y vital.*

En poco más de dos meses, este ejercicio sumado al fortalecimiento de la autoestima que trabajamos en el consultorio dio los mejores resultados. Isabel comenzó a disfrutar de la soledad y a vivirla como un premio, y no como un castigo. *Su tiempo a solas, con ella misma, comenzó a ser valioso, dejó de "ponerse en oferta", y comenzó a seleccionar muy bien con quién compartirlo.*

Síndrome del nido vacío. El caso de Matilde

A los 55 años, Matilde era una mujer joven, vital y emprendedora. Toda su vida se había dedicado a su familia, su esposo y sus dos hijos. Aunque era contadora y había trabajado siempre, cuando tuvo a su segundo hijo, decidió quedarse en su casa para atender a los suyos. Sus hijos eran el centro de su vida y la mantenían ocupada todo el día. El mayor se casó a los 24 años y, paralelamente, el menor decidió irse a vivir solo. Matilde sintió que se encontraba frente a una soledad insoportable. Su marido trabajaba y estaba todo el día afuera, cada uno de sus hijos tenía su vida organizada, ya no había exceso de camisas para planchar ni había que preparar cenas suculentas para los hijos (y también para sus novias).

Llegó a mi consultorio desesperada: no sabía qué hacer con tanto tiempo libre y el sentimiento de soledad era muy angustiante. *Mi tarea con Matilde consistió en que lograra edificarse una vida nueva. Y toda vida nueva requiere planificación.* Le hice ver que no podía desaprovechar ese momento. Cuando sus hijos le dieran nietos, era muy probable que necesitaran su ayuda y que su tiempo volviera a estar demasiado ocupado.

Por esta razón, le dije que era el instante preciso para hacer lo que venía postergando hacía tanto tiempo. Su gran sueño era viajar, de modo que le dije que debía fijar toda su atención en eso. Comenzó a consultar agencias de viajes, a planificar, incluso realizó algunos trabajos *free-lance*, y el dinero que obtuvo de éstos estaba destinado a engrosar sus planes de viaje. En pocos meses, estuvo lista para viajar con su marido. Su experiencia con ese viaje excedió en mucho el placer natural que implica hacer turismo. Le demostró que su tiempo podía estar habitado por cosas placenteras y que, por lo tanto, no había en éste lugar para la soledad.

El cambio fue espectacular. Al volver del viaje no cesaba de hacer proyectos: quería volver a Europa, para eso incrementó el número de clientes. Su vida cambió a tal punto que sintió que estaba viviendo una segunda juventud. Aprendió, además, dos cosas fundamentales:

a. que una crisis es una magnífica oportunidad de cambio;
b. que el tiempo –y, en consecuencia, el sentimiento de soledad– se puede manejar con sólo seguir el impulso y tener una planificación. Una vez que un plan se pone en marcha, se abre ante nosotros un mundo de posibilidades.

Miedo a quedarnos solos con nosotros mismos

He recibido muchas consultas acerca de este temor. Carlos necesitaba siempre la compañía de sus amigos para sentirse bien. Paula entraba en pánico a la soledad si un sábado no tenía con quién salir. Darío no soportaba la soledad: si su mujer viajaba, no se acostaba en la cama, se quedaba con las luces encendidas sentado en el sillón del *living* con la compañía de la televisión.

Este miedo a encontrarse a solas con uno mismo es el producto de una época que no valoriza lo espiritual, sino lo material. Este temor revela, la mayoría de las veces, la falta de una espiritualidad profunda, de un mundo interior en el que podamos habitar sin que nos sintamos solos. En estos casos, recomiendo redescubrir el valor de lo espiritual a través de la soledad. *Es posible y enriquecedor aprender a estar solo. Se logra con un tipo de ejercicio como el que le recomendé a Isabel, comenzando con unos pocos minutos de soledad diaria.* Al cabo de un tiempo, no sólo se pierde el miedo a la soledad, *también se descubre el tesoro espiritual que todos tenemos escondido,* y en el que no siempre indagamos por temor a quedarnos a solas con nosotros mismos.

TIPS PRÁCTICOS PARA VENCER EL MIEDO A LA SOLEDAD

- Manéjese con la plena seguridad de que, con algunas indicaciones sencillas de cumplir, la soledad puede dejar de ser un castigo para transformarse en un bien preciado.
- Gratifíquese con todo lo que le haga bien: desde una salida común hasta un viaje.

- La planificación es la clave del éxito. Planifique cuidadosamente sus días por escrito. Esto ayuda a que no se sienta "a merced" de la soledad.
- Aprenda a "dosificar" el tiempo que pasa solo/a.
- Propóngase objetivos de corto y mediano plazo y establezca estrategias claras para llegar a ellos. Lograr los objetivos que uno se propone ayuda a sentirse independiente y a encontrar satisfacción en la independencia.
- Cultive su espíritu. Un buen libro, una buena música, un rato de meditación pueden transportarlo/a a mundos maravillosos.
- Si tiene mucho tiempo disponible, no permita que éste decida por usted. Fije una hora para levantarse y cúmplala, vístase y arréglese bien, aunque se quede en su casa, mantenga el orden del lugar y cumpla con una rutina determinada.
- Incluya en su vida la actividad física. El movimiento estimula la secreción de endorfinas y éstas son las hormonas del bienestar.
- Si le cuesta dialogar con usted mismo/a, lleve un diario. De esta forma, sin darse cuenta, usted se transformará en una buena compañía para usted mismo/a.
- No olvide el viejo refrán que asegura "mejor solo que mal acompañado". Las mejores compañías se encuentran cuando se ha aprendido a estar solo.

Tal como ya hemos dicho, casi todas las personas sentimos miedo a la soledad en algún momento porque casi todos nos enfrentamos a ella en algún período de nuestra vida. Hay un temor a la soledad que nace de una pérdida real: nuestra pareja se disolvió o perdimos a un ser querido. Este sentimiento de soledad requiere hacer un "duelo" por aquello que perdimos. Pero este duelo debe ser acotado en el tiempo. Si la sensación de soledad y de temor a esa soledad se transforma en permanente, es preciso que busque ayuda.

Vencer el miedo a la soledad es posible y se puede lograr poniendo en práctica algunas sugerencias muy sencillas. *Podemos temerle a la soledad por diversas razones. La más frecuente es la falta de autoestima: creemos que no somos compañía suficiente para nosotros mismos, que la alegría y el bienestar deben provenir, necesariamente, de otra persona. Vencer el temor a la soledad significa descubrir nuestro valor y nuestra aptitud para transformarnos en amigos –y no en enemigos– de nosotros mismos.*

Capítulo 5

Miedo a amar

- *¡El fracaso no existe! Qué nudos emocionales debemos desatar para poder entregarnos sin temor a ser defraudados.*
- *Cómo lograr que el pasado sentimental, que a veces nos pesa, enriquezca una nueva relación afectiva.*

Por lo general, los miedos no aparecen aislados, sino que están relacionados con diversos temores. *Cuando le tememos a algo en particular, ese miedo es la pantalla visible de muchos otros miedos relacionados. Pero, quizá, ninguno implique tantos miedos relacionados como el miedo a amar.* Cuando sentimos miedo a amar, en realidad, sentimos:

– *miedo a sufrir,*
– *miedo a no ser correspondidos,*
– *miedo a ser defraudados,*
– *miedo a la decepción,*
– *miedo a la entrega,*

y el miedo más importante de todos, que contiene a todos los miedos enumerados: "*miedo al fracaso*".

Es posible sentir miedo a amar a un amigo, a nuestros padres, a nuestros hijos, pero el ámbito por antonomasia de este miedo es la pareja. Hay quienes se sienten marcados por un "fracaso" sentimental que no pueden superar, y por eso temen volver a entregarse. Y hay también quienes ni siquiera han padecido una decepción amorosa, pero que sienten que no podrían soportarla y, por esta razón, se cierran totalmente al amor o entablan relaciones superficiales y *light* como un modo de preservarse de la entrega que los hace sentir desprotegidos. Con frecuencia, recibo en mi consultorio hombres y mujeres que están atravesando una separación o que se han separado hace algún tiempo. Inevitablemente, cuando hablan de su pasada relación afectiva, mencionan la palabra *"fracaso"*.

El modelo publicitario del éxito social representado por la iconografía del champán burbujeante y caro, el auto de lujo, la tarjeta de crédito que permite acceder a los grandiosos placeres del mundo, el dinero que nos permite viajar por donde queramos, han calado tan hondo que solemos vivir las relaciones de pareja como si se tratara de una instancia que nos subirá al podio de la gloria o nos arrojará para siempre al mundo de los perdedores.

Por supuesto, no es sólo una incorrecta extensión del mundo de los valores materiales al área afectiva lo que nos hace sentirnos fracasados cuando una relación llega a su fin. También *existe una cultura acerca del amor que ha instituido la creencia de que las personas exitosas sentimentalmente hablando son aquellas que "son para siempre felices y comen perdices"*. Sin embargo, *una pareja no puede juzgarse en función de la duración que tuvo. El amor siempre enriquece, a condición de que, como decía el poeta Vinicius, "sea eterno mientras dure"*. Por eso, *cuando se establece una relación profunda, el fracaso es imposible. Incluso en los casos en que una persona se siente defraudada porque se entregó sin recibir nada a cambio o, por lo menos, sin recibir todo lo que esperaba, habrá vivido una experiencia enriquecedora.*

Es claro que esto no significa que uno deba exponerse a situaciones decepcionantes a sabiendas de que resultarán así. Pero *la decepción no debe ser tomada como fracaso,* sino como un sentimiento que nos enseña algo y que torna positivas incluso aquellas experiencias que consideramos más negativas.

El nudo del autocontrol

El miedo a amar y la pareja. Miedo a la entrega. El amor como enfermedad. Cómo convertir el amor en "saludable". El caso de Andrea

A los 25 años, Andrea había tenido sólo enamoramientos muy pasajeros y relaciones breves e intrascendentes que, según ella decía, "no habían dejado huella". Pero, de pronto, todo cambió. Se enamoró de un compañero de trabajo tan intensamente que, de acuerdo con sus propias palabras, se sentía "enferma de amor". Su "enfermedad" consistía en que no podía dejar de pensar en él a toda hora, en que no podía realizar ninguna actividad que no se lo recordara, en que experimentaba un deseo tan descontrolado que la avergonzaba, en que sentía palpitaciones y sudoración fría cada vez que sabía que iba a verlo o que él se acercaba de manera inesperada.

Estos *"síntomas"* de la "enfermedad amorosa" *pueden experimentarse con mayor o menor intensidad, según la personalidad del que ama*, pero ya en el siglo XVII, el poeta don Francisco de Quevedo nos había advertido sobre ellos; su famoso soneto al amor lo define así: "Es hielo abrasador, es fuego helado, / es herida que duele y no se siente, / es un soñado bien, un mal presente, / es un breve descanso muy cansado". Y más adelante, sobre su carácter de "enfermedad", agrega: "Es una libertad encarcelada, / que dura hasta el postrero paroxismo; / enfermedad que crece si es curada". Y una conocida canción contemporánea, en su estribillo, dice: "Es tu amor mi enfermedad".

Precisamente, este intenso sentimiento de "enfermedad" es lo que Andrea no podía soportar, y lo que no pueden soportar la mayoría de las personas que, sin que hayan sufrido ningún tipo de decepción amorosa previa, se asustan de lo que sienten por considerarlo una "enfermedad" peligrosa o, incluso, una forma de delirio que puede llegar a la locura. El miedo de Andrea crecía en la medida en que iba recibiendo señales de que su sentimiento era correspondido. Lo que en otra persona hubiera generado alegría, en ella producía un miedo inmanejable.

El control de las emociones es un acto, en parte, voluntario. En cambio, el amor es algo que "sucede" sin que podamos hacer nada para evitarlo. Y es, justamente, el haber descubierto que existen emociones que no se pueden evitar, por más que usemos nuestra razón, lo que hacía que Andrea se sintiera aterrada. *El amor intenso tiene siempre un componente intranquilizador, porque nos hace descubrir, en nosotros mismos, una intensidad descontrolada que, quizá, ni siquiera sospechábamos que existía. Esta inquietud puede transformarse en sentimiento de plenitud o en miedo, según las resonancias y los significados personales que tenga en cada uno.* Andrea tenía miedo de amar porque, dado que se sentía vulnerable, siempre se había preservado de las emociones fuertes. Esta vez, sin embargo, la razón no le bastaba para mantener sus emociones a raya.

Como sucede siempre en una terapia, fue necesario indagar el origen de su miedo. De chica, ella había vivido situaciones difíciles porque sus padres se peleaban mucho, y hasta habían llegado a la agresión física. Por eso, Andrea le temía al descontrol, y cualquier circunstancia que la hiciera sentir descontrolada, la hacía sentir también en situación de riesgo. Las emociones descontroladas tenían para ella un signo negativo, porque estaban relacionadas con situaciones de violencia. Cuando se dio cuenta de cuáles eran los sucesos que su descontrol emocional le recordaba, su miedo comenzó a ceder paulatinamente con el correr de las sesiones.

Para tener en cuenta

El miedo a amar, cuando no se han tenido experiencias amorosas traumáticas previas, obedece al miedo a la intensidad del sentimiento amoroso que hace que experimentemos la sensación de no tener control sobre nosotros mismos. Al perder esa sensación de control, se teme a quedar expuesto a una situación de indefensión.

El nudo del pasado

El miedo a repetir situaciones. Cómo salir airoso. El caso de David

David llegó a mi consultorio cuando llevaba cinco años de separado. Su matrimonio había funcionado bien hasta que él comenzó a crecer profesionalmente. Él es violinista. En el momento en que su relación de pareja estaba, aparentemente, pasando "el mejor momento", ganó una beca y le surgió la posibilidad de irse durante un año a Europa a estudiar con un reputado maestro. Su mujer, que también era instrumentista, vio en esa beca un hecho que ponía en peligro la pareja. El plan de David era que pudieran irse juntos: mientras él iba a cumplir con los requisitos de la beca, su mujer podía conseguir un puesto en alguna orquesta estable o podía, incluso, ajustando bien los gastos, perfeccionarse en el instrumento que tocaba con algún profesor europeo. Pero ella tomó la beca de David como una afrenta personal, y lo obligó a elegir entre la beca y ella.

David renunció a la beca, pero la relación, a partir de ese momento, se volvió insoportable. Él experimentaba rencor hacia ella por lo que consideraba un inadmisible acto de egoísmo, y ella sentía que cualquier buena oportunidad de estudio o trabajo en otro lugar podía alejar a David de su lado, por lo que vivía en estado de sobresalto. En un deseo desesperado de "salvar" la relación, decidieron tener un hijo. La situación se complicó porque la convivencia, que de por sí ya era difícil, se tornó aún más difícil con la llegada del bebé.

David se sentía doblemente atado. Si bien amaba a su hijo, sentía que había llegado en un momento inoportuno y que su carrera profesional, de allí en adelante, se vería restringida no sólo por los condicionamientos de su pareja, sino también por su condición de padre. Cuando el bebé cumplió ocho meses, se separaron. Desde ahí, David había tenido únicamente relaciones ocasionales y sin compromiso. Esto lo hacía sentir, en cierto sentido, "a salvo", pero también lo hacía experimentar la sensación de que su vida afectiva se había empobrecido de la misma forma en que habían empobrecido sus posibilidades profesionales cuando renunció a la beca que había ganado.

David estaba apresado por el nudo afectivo que suelen producir las experiencias sentimentales traumáticas. *Desanudar ese nudo supuso que entendiera que no había "fracasado", sino que había aprendido algo, y que todo aprendizaje supone un enriquecimiento.* ¿En qué se había enriquecido? Por lo pronto, había comprendido que es preciso tener muy claro cuál es el lugar que ocupa la pareja en relación con el resto de los intereses que se tienen en la vida y que las renuncias que se hacen en nombre del amor suelen tener un costo muy alto. También aprendió que hay que pelear por una pareja, pero no solucionar los conflictos con "parches", y que, quizá, si hubiera sido capaz, en su momento, de poner las cartas sobre la mesa y jugarse por lo que creía, no hubiera experimentado la sensación que estaba experimentando: que la pareja es necesariamente un lastre que impide la realización y coarta posibilidades.

Hacer un balance positivo de lo que hemos vivido de a dos es la mejor forma de cerrar una historia. Cerrarla de manera adecuada es un paso imprescindible para poder abrir otra historia con confianza y sin temores que impidan el disfrute a pleno de la nueva situación. Cerrar una historia positivamente es la única manera posible de que se logre soltar el pasado.

Para tener en cuenta

Cuando existe un nudo emocional que nos produce miedo a volver a amar, se hace imprescindible procesarlo para liberarnos de la idea de "fracaso". El amor enriquece siempre, aunque la relación se interrumpa. La vida nos enfrenta a diferentes aprendizajes y, para aprender, es preciso equivocarse. Perderle el miedo a las equivocaciones y no quedarse anudado a las experiencias negativas es indispensable para perder el miedo a amar otra vez.

OTROS NUDOS EMOCIONALES

El miedo a amar y los hijos, los amigos y los afectos cercanos

Experimentar amor por alguien, sea una pareja, nuestros hijos o nuestros amigos, nos hace sentir "dependientes". Y, en verdad, es cierto que dependemos de las personas que amamos. Hay personas muy omnipotentes y, por el contrario, otras con la autoestima muy baja, para las cuales esta dependencia tiene una carga negativa muy alta, o porque menoscaban su sentimiento de que pueden "todo" solas o porque intensifican su sentimiento de que no pueden "nada" solas. En ambos casos, el amor las hace sentir que están en peligro.

Todos conocemos personas que eligen estar solas y a las que no les gusta ni siquiera depender de una mascota que restrinja sus horarios y los obligue a algún tipo de dependencia objetiva y subjetiva. Por exceso de omnipotencia o por baja autoestima, estas personas tratan de levantar una suerte de "muralla china afectiva inexpugnable" que los defienda de los "embates" del amor.

Los padres que tienen dificultades para establecer relaciones armónicas y afectuosas con sus hijos, los amigos que están siempre atentos a si lo que recibe el otro está acorde con lo que ellos reciben en la relación, las personas que mantienen en todo momento una actitud distante con quienes los rodean, todos son seres que experimentan miedo a amar porque sienten que el amor los vuelve dependientes y que la dependencia los hace vulnerables.

Aprender a aceptar que dependemos en gran medida de las personas que amamos es un signo de madurez emocional. Esa dependencia nos compromete, pero no nos somete. Todos podemos ponerle límites a la dependencia emocional. Y saber que disponemos de la posibilidad de poner límites, tener presente que al entregarnos afectivamente a alguien no "hipotecamos" nuestra vida, es la única forma de dominar el miedo a amar.

CÓMO DARNOS CUENTA DE QUE LE TEMEMOS AL AMOR

Usted tiene miedo a amar si:

- Trata de controlar todos sus impulsos. Por ejemplo, reprime las ganas de decirle a su pareja o a su hijo "te quiero" o evita mostrarse muy comprometido con una relación.
- Paradójicamente, experimenta sensación de angustia cuando la pareja marcha bien.
- Evita decirle cosas a su pareja que supongan un compromiso a futuro. Por ejemplo, "me gustaría que, más adelante, vivamos juntos" o, simplemente, "quedate a dormir".
- Se siente muy amenazado cuando un compromiso con un amigo, con su pareja o incluso con un compañero de trabajo circunstancial le impide cumplir a rajatabla con lo que tenía pensado hacer.
- Es excesivamente cuidadoso del orden personal y no puede admitir que alguien le altere ese orden.
- Evita las frases y las demostraciones de afecto.
- Se siente incómodo cuando le manifiestan amor intenso.
- Siente que las relaciones personales son ataduras.
- Le cuesta compartir tanto sus buenos momentos como sus problemas.
- Es capaz de cualquier tipo de descortesía con tal de dejar en claro que lo que pasó la noche anterior fue sólo un acercamiento sexual.
- Defiende su soledad a capa y espada y siente fobia de pasar mucho tiempo acompañado.

TIPS PRÁCTICOS PARA VENCER EL MIEDO A AMAR

- Haga introspección y averigüe la causa de su temor. Si le teme al amor porque es omnipotente, visualice a la omnipotencia –y no al compromiso– como el enemigo contra el que debe luchar.

- Si le teme al amor porque su autoestima está baja y se siente demasiado vulnerable, trabaje sobre su autoestima para fortalecerla. Que se permita sentirse amado es una buena forma de comenzar a hacerlo.
- Si es de las personas que tienden a salir corriendo cuando una relación "amenaza" con volverse estable, trate de ponerle coto a sus especulaciones sobre el futuro. Intente disfrutar el día a día.
- Tenga en cuenta que la independencia absoluta es imposible. Se puede depender afectivamente de otro sin dejar de pertenecerse a uno mismo. Quien le teme al amor, le teme a depender, pero ese temor es una forma negativa de la dependencia.
- Establezca cuáles son sus "nudos emocionales" y concéntrese en desatarlos.
- No tema confesar su miedo a amar. Verbalizar los miedos es una manera de empezar a manejarlos.
- No intente vencer el miedo de una vez y para siempre. Propóngase pequeños objetivos día a día: no huir ante las señales de amor, exponer lo que le pasa, atreverse a establecer pequeños compromisos, por ejemplo, un fin de semana en pareja como un pequeño ensayo de convivencia.
- Tenga en cuenta que, en materia sentimental, el fracaso no existe. Toda relación afectiva es enriquecedora, aunque no sea una historia de amor con un final espectacular al estilo de "Hollywood".
- Tenga en cuenta las señales de alerta, las luces amarillas que le señalen que puede estar a punto de caer en la trampa de elegir lo mismo que ya eligió una vez. Ahora, luego de una decepción, está en condiciones de elegir un tipo de relación que lo gratifique plenamente. Capitalice su experiencia. La experiencia es un patrimonio.
- Convénzase: todos los miedos se vencen, y el miedo a amar no es la excepción.

Capítulo 6

Miedo a crecer

- *Hay personas que viven aferradas al pasado como una defensa para no abrirse a experiencias nuevas. De qué modo se pueden superar las etapas vitales y vivirlas con plenitud, para poder enriquecernos con lo que la vida nos ofrece a cada instante.*

La infancia tiene buena prensa. Suele decirse que es la época más feliz de la vida, que volver a ser niño es el sueño imposible de todo adulto, que nunca el mundo es tan deslumbrante como cuando somos chicos. Esta arraigada nostalgia, sin embargo, tiene poco de cierto. La infancia es más feliz en el recuerdo y la evocación que en el momento en que transcurre. Por cierto, hay infancias más felices que otras, pero esa etapa de la vida está sujeta a los mismos sobresaltos y características de cualquier otra. Lo que la embellece hasta transformarla en una época de pura felicidad es el recuerdo.

Hay un mito instituido sobre la infancia que consiste en considerarla una versión del "paraíso perdido". Esto nos sirve para consolarnos de las obligaciones del presente, con un pasado de felicidad en el que, supuestamente, no teníamos obligaciones, para ejercitar la nostalgia de los tiempos idos y también para reforzar nuestra identidad, dado que gran parte de ella la hemos forjado durante la infancia.

Pero existe una diferencia entre recordar la infancia con la nostalgia impuesta por nuestra cultura y suponer –incluso de manera inconsciente– que en esa etapa quedó cifrada toda nuestra felicidad posible y que las etapas sucesivas no serán sino ciclos fallidos e imperfectos. También la adolescencia y la juventud son idealizadas culturalmente y consideradas como fuentes exclusivas de felicidad por quienes se quedan fijados a ellas.

La fijación a etapas previas de nuestra vida pone en evidencia un gran miedo a crecer. Tan frecuente es esta fijación y, en consecuencia, tan difundido el miedo que pone al desnudo, que *tiene un nombre específico dentro del campo de la psicología: se llama síndrome de Peter Pan.*

QUÉ ES EL SÍNDROME DE PETER PAN

El nombre de este síndrome está tomado de un personaje literario infantil. *Peter Pan* es el nombre de la obra del autor escocés James Matthew Barrie. Peter Pan, como recordarán muchos lectores que escucharon o leyeron esta historia en su infancia, es un niño que, mientras su madre duerme, sale volando por la ventana hacia los Jardines de Kensington. Allí hay un lago y, en el lago, una isla donde está "el País de Nunca Jamás", donde conviven piratas, hadas y sirenas. Hay una razón por la que Peter Pan puede volar y es que tiene plena fe en que puede hacerlo, es decir, tiene la fe suficiente como para hacer caso omiso de la realidad que muestra a las claras que los seres humanos, independientemente de su edad, no pueden volar. Este elemento de la historia es importante porque, según veremos, uno de los síntomas del síndrome de Peter Pan es la negación de la realidad y la negación de las reglas que rigen la vida de los adultos.

Péter Pan, que tiene 13 años, va a buscar a su amiga Wendy, de 12, para que permanezca con él en el País de Nunca Jamás, al cuidado de "los niños perdidos" –de menor edad que el protagonista de la historia– que viven junto a él: Nibs, Curly, Slightley, Tootles, y los Gemelos. Wendy es la "madre" de todos ellos. También este personaje fue tomado para bautizar un síndrome psicológico: el síndrome de Wendy, que veremos en el capítulo referido al miedo al rechazo. Hacia el final de la historia, Wendy decide volver a Londres con sus hermanos, que también vivían junto a Peter Pan. Pero el protagonista, que también es nombrado como "el niño maravilloso" y "el hijo único de Nunca Jamás, decide quedarse para siempre en su reino de fantasía, donde el paso del tiempo no existe, es decir, decide no crecer y permanecer en el país de la infancia.

Quienes tienen miedo a crecer, padecen el "síndrome de Peter Pan", o sea, han decidido, inconscientemente, quedarse por siempre en el País de Nunca Jamás. Los síntomas que componen este síndrome son:

- *Rebeldía.* Hay una rebeldía generalizada contra el mundo dado que en que éste impone sus propias reglas y, en mayor o menor medida, según la flexibilidad adaptativa de cada persona, es preciso ceñirse a ellas.
- *Cólera.* Como consecuencia de la rebeldía, hay un sentimiento de cólera contra "el mundo de los adultos".
- *Narcisismo.* Debido a que la persona que teme crecer denota rasgos de inmadurez e infantilismo emocional, igual que sucede en la infancia, es predominantemente egocéntrica: supone que el mundo debe girar a su alrededor, que los demás deben estar a su disposición. A la vez, siente dificultades para preocuparse y ocuparse de los demás.
- *Negación.* Las personas que temen crecer se rehúsan a aceptar el paso del tiempo, tanto a nivel físico como psicológico. Por eso, con frecuencia, aparecen como "desubicadas"; por ejemplo, usan ropa que no se corresponde con su edad, se niegan a asumir responsabilidades que les correspondería asumir, tienen actitudes que no son compatibles con su edad cronológica.
- *Dependencia.* Como son personas que no asumen las responsabilidades que les corresponden, siempre buscan –y encuentran– alguien que, como Wendy, responda maternalmente por ellas y se haga cargo de aquello que sienten que no pueden asumir.
- *Manipulación.* Su narcisismo los lleva a manipular a quienes tienen a su alrededor para que se pongan a su servicio. En los grupos de trabajo o en los grupos de estudiantes secundarios y universitarios, es posible detectar a estos "manipuladores" en acción: evaden responsabilidades, no cumplen con lo estipulado, hacen peligrar el logro de los objetivos propuestos y,

con todas estas actitudes, logran que el resto de las personas hagan lo que les correspondería hacer a ellos.

Quien padece este síntoma puede ser, a la vez, rebelde, colérico, narcisista, negador, dependiente y manipulador. Por lo general, *una de estas características es preponderante, y el resto puede aparecer en un segundo o tercer plano.* Puede haber, por ejemplo, una persona que sea manipuladora de manera evidente y que sus otros síntomas sean más difíciles de detectar. Las combinaciones son múltiples, incluso, no siempre se manifiestan todos los síntomas, aunque sí la mayoría.

Para tener en cuenta

Si usted padece el síndrome de Peter Pan, tengo buenas noticias para darle. Mientras el Peter Pan de la literatura se quedó en el país de la infancia, los seres de carne y hueso que experimentan miedo a crecer pueden superarlo definitivamente y pasar a integrar el mundo de los adultos emocionales. El primer paso es detectar el miedo y, luego, aplicar las soluciones prácticas indicadas al final de este capítulo. Los miedos no se vencen de un día para otro, pero se superan gradualmente, si les prestamos la atención suficiente y si estamos totalmente decididos a hacerlo.

EL SÍNDROME DE PETER PAN EN ACCIÓN

Rebeldía, cólera, narcisismo y negación. El caso de Nahuel

Nahuel llegó a mi consultorio cuando acababa de cumplir 38 años. Su problema, según él, era que no conseguía un trabajo estable, lo que lo obligaba a sobrevivir con trabajos de artesanía. Había hecho el colegio secundario en una institución muy prestigiosa a la que, por lo general, asisten hijos de intelectuales. Su época de estudiante estaba en él grabada a fuego, porque mientras asistió a ese colegio sintió que pertenecía a una "elite": la de las personas inteligentes, con acceso al conocimiento y, supuestamente, con un nivel intelectual superior a la media.

Nahuel era muy inteligente y estaba muy capacitado, pero le resultaba imposible conseguir un empleo administrativo, que era lo que manifestaba que deseaba. Recuerdo que tuvo una reacción muy violenta cuando le pregunté: "¿Estás seguro de conseguir un empleo administrativo, es tu verdadero deseo?". Y él me preguntó, con muy mal tono, por qué dudaba de la sinceridad de su deseo. "Porque no veo que se haya preparado para conseguir lo que dice buscar", le contesté. Su réplica tuvo un tono aún más alto que la anterior: "Por supuesto que estoy preparado, estoy más que preparado, soy mucho más inteligente e informado que la mayoría de las personas que van diariamente a una oficina. Lo que pasa es que el mundo está gobernado por tontos". Entonces, le dije que era muy posible que fuera así, pero que el mundo en el que vivíamos estaba conformado así y que tenía sus propias reglas. Una de ellas establecía que una persona que aspira a lograr un empleo administrativo en una empresa debe vestirse y tener *look* que responda a los parámetros de esa empresa.

Nahuel seguía teniendo el pelo largo por debajo de los hombros y el mismo aspecto *casual* y desaliñado que cuando era adolescente y concurría a la escuela "de elite". Su atuendo era más propio de un artesano que vende sus productos en una feria artesanal que de alguien que quiere acceder a un trabajo formal. Con el transcurrir de las sesiones, fuimos viendo que bajo su aspecto se escondía un rechazo a aceptar la edad que tenía, un narcisismo que lo hacía despreciar a todo el mundo que no siguiera sus mismas pautas de vida, una imposibilidad de respetar las reglas establecidas por "el mundo de los tontos", un enojo solapado con todo porque el universo no tenía la organización que a él le hubiera gustado, una rebeldía que siempre terminaba en frustración y, también, al igual que los niños, una gran falta de tolerancia a esa frustración. Se enfureció cuando le pregunté si no era consciente de que le daba miedo crecer. Por su enojo, percibí que mi intervención había sacado a la superficie un miedo que él tenía escondido debajo de la máscara de la rebeldía y la superioridad.

Nos llevó varias sesiones que pudiera deponer su espíritu bélico. Un buen día, apareció en mi consultorio afeitado, con el pelo corto y con un traje impecable. Había salido a buscar trabajo y había percibido que, por lo menos, le prestaban más atención. Consiguió trabajo al poco tiempo y dejó, así, su actitud de hostilidad y pudo comenzar a elaborar su miedo y a mantenerlo bajo control.

Negación del paso del tiempo, deseo de perpetuarse en la adolescencia. El caso de Diana

A los 45, Diana se vestía como una *teenager*: pantalones ajustados, tops como para ir a bailar a un "boliche", mucho *jean* y ropa muy *sport*. Se vanagloriaba de compartir la ropa con su hija adolescente y pasaba la mitad de su vida en el gimnasio. Además, se había hecho una cirugía de párpados y también se había operado las "lolas".

Sin embargo, su visita a mi consultorio no fue porque percibiera algún punto conflictivo en esta actitud de negar el paso del tiempo y de oponerse tercamente a éste. En realidad, estaba atravesando una crisis matrimonial. Su marido había comenzado a reprocharle el tiempo que pasaba en el gimnasio y la acusaba de que no asumía su rol de madre y de que competía con sus hijas. Resultaba evidente que, independientemente del motivo de la consulta, el problema era uno: Diana no podía aceptar el paso del tiempo.

En una sesión me contó que su hija mayor, de 22 años, estaba pensando en casarse. También Diana se había casado joven. Además, había tenido hijos muy pronto. Le señalé que si su hija seguía su mismo camino, muy pronto la convertiría en abuela, y que ella sería, entonces, una abuela muy joven. Diana se puso muy incómoda y me contestó que ella jamás les permitiría a los futuros hijos de su hija que la llamaran "abuela". Le pregunté por qué, si tener nietos era una de las satisfacciones que puede otorgarnos la vida. Me contestó que no quería que la envejecieran antes de tiempo, que ella no tenía ni quería tener el aspecto de una "abuela". Éste fue el comienzo de un largo y fructífero diálogo en el que salieron a relucir todos los problemas de Diana.

Se había casado joven como un acto de rebeldía hacia sus padres, pero siempre se había sentido de la misma edad que sus hijas. Su marido, un poco mayor que ella, no le reprochó nada hasta que las hijas llegaron a una edad en que se transformaron, para Diana, en la prueba fehaciente de que el tiempo había pasado y de que ella ya no era "la chica" de la casa. Comenzamos a ver que existe una diferencia muy grande entre querer estar bien, cuidarse y tratar de mantenerse lo mejor posible y emprender una lucha despareja contra el paso del tiempo, con la ilusión vana de ganarla.

Diana había sido en su infancia una chica consentida que mantenía una relación tiránica con sus padres: todo lo que quería lo conseguía, porque sus padres no eran capaces de ponerle límites. De este modo, se había acostumbrado a hacer siempre su voluntad y tenía serias dificultades para aceptar las limitaciones que el mundo le imponía. Por eso, inconscientemente, defendía su adolescencia a capa y espada. Su ecuación inconsciente era que, mientras mantuviera su aspecto juvenil, todo le sería concedido. Por eso, también tenía dificultades para aceptar su rol de madre y prefería tratar a sus hijas como si fueran sus amigas. También por eso se negaba a vestirse con ropa más adecuada para su edad.

Una vez que Diana comenzó a ver este problema, empezó a aceptar también que no se puede luchar contra el paso del tiempo. El tratamiento consistió en la elaboración del duelo por las etapas "idas" y en la preparación para el disfrute de la etapa presente y de las venideras. Consideré que Diana había superado su miedo a crecer el día que me dijo que su hija mayor estaba embarazada y que ella estaba realmente emocionada porque se iba a convertir en abuela.

Test de autocontrol

¿Tengo miedo de crecer?

Usted siente miedo de crecer si tiene, por lo menos, cinco respuestas positivas.

	Sí	No
¿Siento una permanente nostalgia por el pasado que me lleva a pensar que las etapas más felices quedaron atrás?		
¿Tengo dificultades para establecer relaciones amistosas con las personas que me rodean en el presente?		
Cuando estoy con gente más joven, ¿trato de comportarme como si tuviéramos la misma edad?		
¿Me relaciono siempre con personas menores que yo?		
¿Me avergüenza decir mi edad?		
¿Me avergüenza comentar dolencias relacionadas con la edad, como la artrosis?		
¿Me sublevo contra mi cuerpo cuando siento que comienza a evidenciarse el paso del tiempo en él?		
¿Experimento dificultades para dar por cerrada una etapa de mi vida?		
¿El pasado es un tema recurrente en mi conversación?		
¿Trato de eludir las denominaciones que hagan alusión a mi edad, como papá, mamá, abuela o abuelo?		

TIPS PRÁCTICOS PARA VENCER EL MIEDO A CRECER

- *Trate de poner su miedo en palabras.* Si se lo confiesa a usted mismo/a, habrá dado un paso muy importante para revertirlo.

- *Póngase bajo la lupa,* observe su comportamiento y trate de modificar, paulatinamente, las actitudes que son consecuencia de su miedo.
- Tenga en cuenta que para poder vivir a pleno cada período de la vida es preciso "cerrar" bien cada etapa que recorremos. *"Cerrar" una etapa es lo que permite que nos abramos a otra.* Por eso, concéntrese más en su futuro que en su pasado y no sentirá que dejar atrás una etapa es una "perdida". Lo que se atesora como experiencia es siempre una ganancia.
- *Propóngase objetivos que deberá cumplir por semestre.* Seis meses no es un tiempo ni demasiado corto ni demasiado largo y nos permite verificar logros. Por ejemplo, si siempre soñó con realizar un largo viaje, establezca la fecha primero y, luego, dedíquese a organizarlo. De esta forma, podrá dividir el tiempo en unidades manejables y, dado que lo que la espera es algo bueno, querrá correr hacia el futuro y no hacia el pasado.
- *No corra carreras contra el reloj, amíguese con él.* Convénzase de que el tiempo que pasa es tiempo ganado.
- *No se proponga solucionar todo de una vez.* Comience, de a poco, por los puntos más conflictivos.
- *Plantéese disfrutar del momento. En la división de su día, establezca algunas "unidades de placer".* Por ejemplo, compartir un café con un amigo, ir al cine o, simplemente, quedarse en casa leyendo, mientras llueve. Si aprende a disfrutar de los pequeños momentos, aprenderá también, paulatinamente, a reconciliarse con su presente.
- *Haga ejercicios de "cambios de piel".* Trate de ponerse en la piel de otro para saber qué actitudes suyas podrían hacerlo sentir mal. De esta forma, tendrá más control sobre sus actitudes regresivas.
- *Indague sobre las causas de su miedo a crecer.* Es posible que encuentre la respuesta en la infancia o en la adolescencia. La introspección es de gran ayuda en estos casos.
- *No se avergüence por reconocer que tiene actitudes inmaduras;* reconocer su existencia es el primer paso para vencerlas.
- *Anote detalladamente los logros que va consiguiendo.* Eso constituirá un estímulo para seguir adelante.

Para tener en cuenta

El miedo a crecer, como todo miedo, se puede controlar. Cuando aprendemos a controlarlo, comenzamos, de inmediato, a vivir una vida más plena y descubrimos en nuestro interior una nueva fuerza. Si bien este miedo denota inmadurez emocional y se relaciona con nuestra historia personal, también tiene un componente social. En efecto, la sociedad nos pide, de manera implícita, que seamos siempre jóvenes, súper delgados, que borremos de nuestro cuerpo –con cosméticos y cirugías– todas las huellas de la edad. Se hace un "culto" de la juventud eterna, lo que genera mucha angustia en las personas sensibles a estos mandatos, porque la juventud eterna es imposible de lograr, y no hay nada que resulte más nocivo que correr todo el tiempo en pos de un objetivo inalcanzable.

Cuando se es demasiado permeable a estos mensajes, como sucede cuando nos hemos quedado fijados en una etapa anterior de nuestra vida, la tendencia regresiva se incrementa. Por eso, es preciso tomar conciencia de estos mensajes sociales solapados y analizarlos críticamente para no dejarnos contaminar por ellos.

Capítulo 7

Miedo al rechazo

- *La sociedad fija una serie de parámetros de belleza y de actitudes. A veces, que no podamos cumplir con esos parámetros nos produce miedo. Tememos no gustar, no ser amados, no cubrir las expectativas de quienes nos rodean. Estrategias para cobrar seguridad en nosotros mismos.*

El miedo al rechazo genera lo que se llama también "síndrome de Wendy", que ya ha sido mencionado en el capítulo anterior. Este síndrome consiste en la necesidad absoluta de satisfacer, a cualquier precio, a otras personas que, generalmente, son las más cercanas, como un modo de conjurar el temor al rechazo. "Si me esfuerzo, si me hago imprescindible, si satisfago todas sus necesidades, no seré rechazado y, en consecuencia, no seré abandonado"; éste es el razonamiento inconsciente que hace quien le teme al rechazo.

¿Cómo podemos saber si realmente le tememos al rechazo? La respuesta está en la observación de nuestra conducta. Todas las actitudes que denotan que actuamos movidos por el síndrome de Wendy denotan también que le tememos al rechazo.

Las causas del miedo al rechazo

El miedo al rechazo se produce simultáneamente por dos causas:

a) Una *gran autoexigencia* que hace que ninguna virtud parezca suficiente para satisfacer al otro.
b) La *internalización de una figura de autoridad muy fuerte* (posiblemente, la internalización de la figura materna o paterna)

bajo la forma de un "juez interior" que establece que siempre somos deudores de esa figura de autoridad.

También la sociedad actúa a modo de figura de autoridad, cuando internalizamos sus parámetros de manera demasiado intensa. Por ejemplo, es muy común, sobre todo en las mujeres, que no se sientan en absoluto atractivas, aunque no porque no lo sean, sino porque no responden a los parámetros socialmente instituidos de altura y peso o porque sus figuras no se corresponden con las de las modelos publicitarias. Esta falta de correspondencia, dado que ese parámetro es tomado como un valor absoluto e indiscutible, hace que muchas mujeres le teman no sólo al rechazo masculino, sino también al de las congéneres que sienten más próximas al modelo establecido, al que han internalizado hasta convertirlo en un valor propio.

Pero el miedo al rechazo no se centra solamente en el aspecto físico. Además, tememos ser rechazados porque nos sentimos "poca cosa", porque no creemos que estamos a la altura de la persona que tememos que nos rechace, porque no creemos que tenemos la habilidad suficiente para dar una buena imagen de nosotros mismos. En suma, tememos el rechazo por falta de autoestima.

QUÉ ES EL SÍNDROME DE WENDY

Como hemos visto en el capítulo anterior, cuando Peter Pan se va de su casa, para vivir en el País de Nunca Jamás, va con su vecinita, Wendy, que será la "madre" de "los niños perdidos". Wendy es la contracara de la figura de Peter Pan. A diferencia de él, actúa con madurez, asume responsabilidades que, por su edad, la exceden y quiere satisfacer los reclamos de su amigo, aunque luego logra romper el círculo vicioso y decide irse a vivir a Londres. Este desenlace es alentador, porque significa que logra romper con el sometimiento a su amigo para volver con su propia familia.

Quien padece de este síndrome, por lo general, considera que no tiene valores propios, sino que todo valor le es entregado por alguien –sus padres, su pareja, sus hijos– a cambio de sacrificios constantes.

Generalmente, el síndrome de Wendy es más frecuente en las mujeres. Esto no se debe a una cualidad intrínseca de la mente femenina, sino a un hecho cultural: la sociedad en que vivimos le atribuye a la mujer, en mayor medida que al hombre, las tareas de cuidado de la familia. Está muy instituido, por ejemplo, que lo propio de la maternidad es el sacrificio por los hijos. Cuanto más se "sacrifica" una madre por sus hijos, tanto mejor será considerada en su rol materno.

Existen síntomas concretos de este síndrome, la persona que lo padece:

- *Siente que no tiene virtudes propias que le permitan ser querida por alguien.* Por esta razón, *trata de "comprar" el afecto por medio de facilitarle la vida al otro, en desmedro de la calidad de su propia existencia.* Hacer regalos constantes, intentar satisfacer todos los deseos del otro y estar siempre a su disposición son ejemplos de las conductas que se despliegan para obtener a cambio el cariño del otro y conjurar el miedo al rechazo. Con el exceso de tareas para los demás, quien le teme al rechazo busca tornarse imprescindible para el otro, porque nadie rechaza a alguien que, por una razón u otra, precisa mucho.
- *Practica el sacrificio constante, por sus amigos, su pareja o sus hijos.* Puede quedarse una noche sin dormir, ayudando a su hijo a hacer la maqueta que tiene que entregar para la facultad, nunca pide que su familia la ayude con las tareas de la casa, prevé siempre lo que puede necesitar cada miembro de la familia.
- *Da por sentado que no tiene méritos para ser querida*, por lo que "vive" haciendo méritos para los demás.
- *Tiene dificultades para trabajar en grupo*, porque siente que no

puede establecer relaciones de exclusividad y porque teme que alguien la opaque.

- *Intenta siempre no molestar con opiniones contrarias a las de su entorno.* Jamás hace críticas, aunque encuentre motivos para hacerlo, porque teme perder el cariño de quienes la rodean.
- *Nunca se pregunta qué necesita para ser feliz,* porque *siempre está preocupada por la felicidad de los otros.*
- *Asume tareas y obligaciones que no le corresponden.* Por ejemplo, luego de una reunión, lava los platos en la casa de sus suegros o de sus amigos con el único objeto de buscar su aprobación.
- *Se enoja consigo misma cuando se equivoca* o cuando no puede cumplir al pie de la letra con los compromisos que ha asumido.
- *Asume ante los demás el papel de enfermera*: siempre está lista para acompañar, curar, consolar y contener a todo el mundo.
- *Cuida a todos los que la rodean con diligencia maternal, incluso a su pareja.* Es de las personas que se hacen cargo de los remedios que su pareja debe tomar, de tenerle la ropa lista, de hacerle siempre la comida que más le gusta, de protegerlo constantemente del mundo exterior como si su pareja fuera un bebé indefenso. No puede distinguir entre el rol de madre o padre y el rol de pareja, porque tiene la convicción inconsciente de que sólo el cuidado obsesivo del otro podrá tener la aceptación como recompensa.
- *Es una persona adicta al amor.* Siente que tiene que defender la pareja que tiene a cualquier precio, aunque no sea feliz con esta pareja, porque nadie más se fijará en ella y porque no podría sobrevivir en soledad.

EL SÍNDROME DE WENDY EN ACCIÓN

Sacrificio y abnegación sin límites. El caso de Nadia

Nadia llegó a mi consultorio por recomendación de su médico de cabecera que la encontraba desmejorada, demasiado delgada y con signos de un estrés excesivo. En la primera sesión, ya había notado que ella era una persona muy resistente al trabajo. De no serlo, no hubiera podido hacerse cargo de la multitud de tareas que se había autoasignado. Como su marido había decidido trabajar *part time*, para poder terminar su carrera universitaria que no había podido concluir en tiempo y forma, ella decidió buscarse otro trabajo, aparte del que ya tenía. Pero, además, para no hacerlo sentir mal a él, jamás se quejaba. Con sus hijos adolescentes, Nadia tenía una actitud sobreprotectora. Jamás les decía que para mantener el nivel de vida que habían tenido hasta el momento, ella estaba haciendo muchos sacrificios. Como temía el rechazo de sus hijos, nunca les decía, por ejemplo, que no podía comprarles las zapatillas de marca que reclamaban o los *jeans*, también de marca, que exigían. Lejos de negarles algo que no era imprescindible, hacía todo tipo de sacrificios para que la quisieran.

Además de tener dos trabajos agotadores, en absoluto gastaba en ella misma. Se arreglaba con lo que tenía y ni se le pasaba por la cabeza estrenar un vestido o un par de zapatos. Pero no sólo era la madre de sus hijos, sino también de su marido. Su temor inconsciente era que, si él no lograba concluir su carrera universitaria, su frustración pusiera en peligro la pareja y él decidiera darle un corte definitivo a la relación. Se ocupaba de comprarle la ropa, lustrarle los zapatos, acordarse del horario de su medicación, anticiparse a sus deseos y realizar aquello que suponía que él deseaba, de una comida casera a la compra de un suéter que vieron juntos en una vidriera y él le comentó que le gustaba.

El miedo al rechazo supone siempre el temor al abandono. Nadia era hija de una made soltera. Cuando el novio de su madre se enteró de que ésta había quedado embarazada, se esfumó de su vida y la dejó sola. Su made vivió marcada por esta situación que nunca pudo superar. Debido a que su familia de origen le dio la espalda, tuvo que criar a su hija con mucho sacrificio. Por esta razón, a pesar de que su madre la quería mucho y la trataba con cariño, Nadia sentía que había llegado al mundo para complicarle la vida. Según Nadia, había sido ella la que, con su presencia, había "arruinado" la vida de su madre y había alejado a su padre de su lado. Por esta razón, se sentía siempre en deuda con su madre. Permanentemente sentía que debía "compensarla" por la situación en que la había puesto con su nacimiento.

Inconscientemente, Nadia tomó esta situación de su infancia como el modelo de relación con el mundo: dado que sentía que no había sido bienvenida al mundo, sentía que no era bienvenida a ninguna parte. Por el contrario, debía "pagar" por la compañía de los otros. Por eso, con su enorme sacrifico, les "pagaba" a su marido y a sus hijos por su compañía.

Nadia sentía esto con mucha intensidad, pero como no había logrado nunca ponerlo en palabras, no era consciente de que lo sentía. Cuando, en el transcurso de la terapia, tomó conciencia de que su sacrificio era una forma inconsciente "de pago" por el amor recibido, se quedó tan sorprendida como desconcertada. También descubrió, en el curso de su terapia, que no precisaba sacrificarse por los otros para ser querida y que el miedo al abandono no estaba relacionado con su marido y sus hijos, sino con su madre. Fue así como, a los 47 años, Nadia descubrió que era capaz de despertar amor sin tener que brindar nada a cambio.

El tratamiento consistió, fundamentalmente, en que Nadia recuperara su autoestima y que comprobara que podía enfocar la relación con su marido y sus hijos desde otro punto de vista. Lo primero que me pareció importante lograr fue que dijera *"no puedo"* ante las exigencias de sus hijos. La primera vez, ante la negativa de Nadia, sus hijos la miraron perplejos. Pero, en muy poco tiempo, aceptaron que su madre no era la "mujer maravilla", sino una persona de carne y hueso que necesitaba ayuda. También la reacción de su marido fue positiva, porque no bien Nadia pudo explicarle lo que le sucedía, no sólo la entendió, sino que se sintió culpable de no haber detectado el problema antes.

Este caso, igual a muchos otros que he tratado a lo largo de mi vida profesional, me permite llegar a la conclusión de que *los roles familiares tienden a cristalizarse, a volverse fijos. Para modificarlos, es preciso ponerse en movimiento. Es necesario cambiar una pieza en el tablero de ajedrez para que la jugada se modifique totalmente.* En el caso de Nadia, la modificación de la jugada consistió en aprender a decirles "no" a sus hijos y en comunicarle a su marido sus sentimientos.

Para tener en cuenta

Si usted siente miedo al rechazo, no se resigne a "pagar en especies" por el cariño de las personas de su entorno. El miedo al rechazo encubre siempre un temor al abandono. Comience por preguntarse en qué momento de su pasado se sintió abandonado/a o si realmente sucedió así. Seguramente, encontrará allí la respuesta a ese sentimiento negativo que le impide vivir una vida plena.

Test de autocontrol

¿Le tengo miedo al rechazo?

Usted le tiene miedo al rechazo si contesta, por lo menos, cuatro preguntas de manera positiva.

	Sí	No
¿La invitación a una fiesta me resulta más un problema que un placer?		
¿Me cuesta mucho dar una opinión que no concuerde con la del grupo en que me encuentro y, por eso, cuando se me presenta esta situación de discordancia elijo callarme?		
¿Nunca me compro un tipo de ropa que llame la atención y uso siempre lo clásico y lo que no se sale de lo común, porque para mí es mejor pasar inadvertido/a?		

¿Soy excesivamente tímido/a y me cuesta establecer relaciones en mi lugar de trabajo?		
¿Siento que debo hacer algo, desde pequeños labores hasta grandes sacrificios, para que los demás me quieran?		
Por lo general, ¿hago más de lo que corresponde porque me ofrezco a realizar el trabajo de todo el mundo?		
¿Me siento muy frustrado/a cuando alguien a quien admiro o quiero no me toma en cuenta?		
¿Necesito la aprobación de los demás cuando hago algo?		
¿Permanentemente compro regalos o realizo otras formas de agasajo destinados a las personas que me rodean?		
¿Vivo con la sensación permanente de que estoy molestando a los demás?		
¿Siento que el amor exige constantes sacrificios?		
¿Me guardo las penas y no las comparto con nadie para no molestar a los demás con mis cosas?		
¿Me sorprendo si alguien me elogia o me dice una palabra cariñosa porque nunca creo que merezco el afecto de los demás?		

TIPS PRÁCTICOS PARA SUPERAR EL MIEDO AL RECHAZO

- Fortalezca su autoestima. Permítase los gustos que nunca se da por pensar en los demás. Dedíquese un tiempo y un presupuesto para el arreglo personal y un tiempo también para realizar las actividades que le gustan.
- Trate de establecer cuáles son sus temores concretos en el presente e intente también definir cuáles son las acciones que lleva a cabo para conjurarlos. Una vez que sea consciente de

cuáles son las formas simbólicas de "pago" que utiliza para no verse expuesta al rechazo de los demás, comience a "guardar" simbólicamente esa energía que dilapida en trabajar de más, adivinar los deseos de los otros y satisfacer necesidades que no son las suyas. Luego, utilice esa energía para cumplir sus propios deseos. No sólo se sentirá mejor, sino que notará que, asimismo, quienes la rodean se sentirán mejor con su cambio.

- Haga ejercicios de introspección para determinar la causa de su miedo al rechazo. Trate de establecer cuál fue el rechazo o el abandono más doloroso que tuvo o creyó que tuvo en su pasado. Cuente esa historia dolorosa a un familiar, un amigo o a alguien de su confianza. En su defecto, escríbala. Poner los conflictos en palabras es la mejor manera de comenzar a resolverlos.
- No dé por sentado que los demás lo/a ven de tal o cual manera. Pregúntele a la gente que la quiere de qué modo la perciben. Le aseguro que encontrará una distancia abismal entre el pobre concepto que usted tiene de sí mismo/a y el que tienen sus seres queridos.
- Liquide de una vez las "deudas" que siente que tiene con los demás. Comprométase a extenderse a usted mismo/a un "certificado de libre deuda afectiva" con los otros y comience a pagar todas las deudas pendientes que tiene con usted.
- Lleve una contabilidad exhaustiva, día por día, para aprender a controlar su miedo al rechazo. Ponga en una columna "*debe*" y en la otra, "*haber*" y, al final del día, contabilice las acciones positivas y las negativas que llevó a cabo en relación con su miedo. Si, por ejemplo, delegó en otra persona de su familia una tarea que la hacía sentir sobrecargada, anótela en el "*haber*". Si, en cambio, hizo más de lo que pudo, anótela en el "*debe*". Guarde la contabilidad diaria y revise semanalmente la evolución de su miedo al rechazo. Es una eficiente forma de autocontrol.

Para tener en cuenta

El miedo al rechazo se origina, por lo general, en una situación traumática de la infancia. Es posible que hayamos sufrido realmente un abandono o que hayamos creído sufrirlo, aunque no sea verdad. Detectar ese punto sobre el que luego edificamos nuestro miedo es muy importante para controlarlo. El temor al rechazo se pone en evidencia a través del síndrome de Wendy. Si usted es una persona que se "sacrifica" por los demás, esté atenta. Es posible que usted padezca miedo al rechazo, aunque no lo sepa.

Capítulo 8

Miedo a la enfermedad

- *Hay personas que le temen a una enfermedad específica. Otras que les temen a todas. La globalización y el "achicamiento" del mundo debido al auge de las comunicaciones estimulan las fantasías del contagio universal. Cómo liberarse del miedo paralizante a la enfermedad.*

El surgimiento del HIV, el dengue, la gripe A H1N1 y otras enfermedades de alcance universal estimulan las fantasías de contagio en la gente sensible a estos temas. Sin embargo, estas fantasías han existido en todas las épocas. Molière ya se refería a ellas en *El enfermo imaginario*, la historia del hombre que siente que está mortalmente enfermo, aunque no lo está. Este personaje, Argan, quiere obligar a su hija a casarse con un médico que ella no ama, para poder estar en contacto permanente con un facultativo capaz de asistirlo a toda hora.

Existe una diferencia entre temer un contagio o temerle razonablemente a una enfermedad y el miedo obsesivo a las enfermedades. Cuando algún síntoma nos inquieta, acudimos al médico. Generalmente, cuando nos dan el diagnóstico y nos indican el tratamiento o cuando nos dicen que no tenemos nada, nos tranquilizamos. Quien padece un miedo obsesivo, en cambio, piensa que el médico se ha equivocado o sólo se tranquiliza por un período muy breve, pasado éste, supone otra vez que está enfermo.

Un caso particular del miedo obsesivo a la enfermedad es el representado por los enfermos crónicos. Si alguien, por ejemplo, padece una enfermedad hepática, sufrirá un cimbronazo emocional cuando le comuniquen la enfermedad, pero, con el correr del tiempo, se irá acostumbrando y aprenderá a convivir con ella. El conocimiento le dará un gran margen de tranquilidad, porque sabrá que los síntomas que experimentará responderán a su enfermedad crónica y no a un mal indeterminado que puede ser muy grave.

Estas personas se convencen inconscientemente de que ya han pagado "el impuesto a la enfermedad". Suponen, aunque lo hayan explicitado delante de ellos mismos, que padecer esa enfermedad crónica los inmuniza de otras enfermedades, como si el rubro "enfermedad" ya estuviera cubierto en sus vidas. Por eso, si se les diagnostica una enfermedad nueva, entran en crisis porque la novedad da por tierra con todas sus certezas, sienten que la vida es injusta y les exige demasiado. Experimentan la sensación de que han recibido una "revelación": también los enfermos crónicos pueden enfermarse de otra cosa. Disuelta su imaginaria garantía de inmunidad, se sienten más vulnerables que nunca y comienzan a fantasear con todo tipo de enfermedades.

Hay que distinguir entre dos clases de manifestaciones:

- La *hipocondría, que significa miedo obsesivo a padecer una enfermedad o varias sin ningún motivo.* Puede haber hipocondrías permanentes y transitorias. Es frecuente que los estudiantes de medicina, enfermería o cualquier otra carrera relacionada con la salud sufran, en algún momento, la sensación de que están enfermos. Esto sucede porque viven inmersos en un universo de enfermos, por lo que la enfermedad está puesta en primer plano. Con el paso de tiempo, este temor suele desaparecer.
- Las *enfermedades psicosomáticas, que a pesar de que tienen un origen psicológico, tienen también manifestaciones físicas.* Por ejemplo, el asma puede ser una reacción física a un problema emocional. Otro tanto sucede con la migraña, en la que suele haber un *elemento físico predisponente* y una carga emocional que actúa como desencadenante del dolor de cabeza. Todos tenemos alguna predisposición a "enfermarnos". Hay un órgano o sistema que está más "débil", así, nos enferma-

mos de lo que "podemos" y no de lo que queremos. Cuando tenemos una gammaglobulina emocional alta, que funciona bien, nos enfermamos menos. Hay momentos en los que estamos más "sensibles" que otros, debemos fortalecerla para evitar las tendencias a las somatizaciones. El aparato digestivo está muy ligado al control; la columna, "al peso y al sostener". Cuando la gammaglobulina está más alta, podemos sobrellevar todos los miedos y crisis y salir fortalecidos nuevamente; ésta es la capacidad de *resciliencia*.

El miedo a la enfermedad mental

Aunque es menos frecuente que el miedo al contagio de virus o bacterias o a las enfermedades graves que se ubican en el cuerpo, el miedo a la enfermedad mental es el miedo a la locura. En este punto, hay que distinguir entre un miedo tenue y esporádico y un miedo obsesivo.

El miedo tenue y esporádico puede darse en períodos de nuestra vida en que nos sentimos abrumados por los problemas, atravesamos una situación traumática, como la pérdida de un ser querido, un accidente, el fin de una pareja, el descubrimiento de un secreto doloroso, etcétera. ¿Cuántas veces hemos dicho, en situaciones de este tipo, frases como "tengo miedo de volverme loco/a" o "creo que voy a perder la razón"? Esta sensación es el producto del exceso de estrés.

En cambio, el miedo obsesivo a la enfermedad mental se relaciona con causas de otro tipo: miedo a repetir algún cuadro familiar de alteraciones psicológicas, miedo a la disolución de la identidad, miedo a la depresión, miedo al autoconocimiento. En esta instancia, averiguar las causas de nuestro miedo puede resultar más complejo que en el caso de la enfermedad física. Si este temor no produce sufrimiento excesivo, puede controlarse del mismo modo que se controla el miedo a la enfermedad corporal, pero, si persiste, será conveniente consultar a un profesional.

CÓMO DETECTAR LA HIPOCONDRÍA O MIEDO OBSESIVO A LA ENFERMEDAD

- *El hipocondríaco afirma tener una o diversas dolencias.* Si los exámenes médicos lo niegan, lejos de tranquilizarse, se "intranquiliza" pensando que los médicos se equivocaron y que está en manos de ignorantes.
- *Conoce los términos médicos y maneja mucha información acerca de enfermedades,* debido a que lee bibliografía médica por el deseo de saber algo más de su "enfermedad".
- *La enfermedad es una sombra constante,* una obsesión que no le permite, a veces, desarrollar una vida normal.
- *Desestima las opiniones de los profesionales* y cree que percibe una verdad que los demás no ven.
- Se *autodiagnostica* y se *automedica.*
- *Constantemente concurre a médico y se hace análisis.*
- Hace partícipe a su familia y a sus amigos de su "enfermedad".
- Siente una *angustia intensa* por la enfermedad o enfermedades que cree que padece.

Los que le temen obsesivamente al contagio. El síndrome de Michael Jackson

En un determinado momento de su vida, Michael Jackson vivió dentro de una suerte de burbuja aislante para evitar cualquier posibilidad de contagio. Además, usaba constantemente barbijo por la misma razón. Sin embargo, es interesante señalar que su miedo obsesivo al contagio resultaba contradictorio en relación con la falta de cuidado que él tenía respecto de su salud en otros aspectos, como el consumo excesivo de fármacos, la falta de una alimentación adecuada, entre otros.

El miedo al contagio, como puede verse, es una manifestación específica del miedo a la enfermedad, que puede darse en forma concomitante con otros miedos –tener cáncer, leucemia o cualquier enfermedad de este tipo– o circunscribirse sólo a lo infeccioso.

La última pandemia de gripe ha estimulado mucho las fantasías de contagio, pero hay personas que experimentan ese miedo incluso aunque no exista ningún peligro de contagio. Se las puede reconocer por ciertas actitudes:

- Son obsesivas con la pulcritud y el orden.
- Prefieren no comer fuera de su casa.
- No comparten la taza o los cubiertos con nadie.
- Se lavan las manos muchas veces por día.
- Son fanáticas del uso de la lavandina.
- Limpian sobre lo limpio.
- Cuando se van de vacaciones, suelen sufrir trastornos intestinales porque no pueden usar el baño de su casa.
- Tienen una actitud de desconfianza hacia los objetos que no sean de su pertenencia.
- Cocinan los alimentos en exceso para acabar con posibles gérmenes.
- Suelen tener, a menudo, fantasías de muerte.

Las causas del miedo a la enfermedad

La enfermedad como vehículo para manejar la angustia

Javier visitó mi consultorio por indicación de su médico, debido a que acudía a su consultorio casi semanalmente con el propósito de que le confirmara alguna enfermedad. Llegó a creer que padecía un tumor, un problema coronario y hasta leucemia. Con el correr de las sesiones, me di cuenta de que Javier no podía soportar ningún tipo de angustia. Sus fantasías de que estaba enfermo se multiplicaban cada vez que debía enfrentar una situación difícil. Así, cuando lo iban a ascender en el trabajo, el miedo a afrontar sus nuevas responsabilidades lo postró en la cama:

creía que estaba padeciendo una enfermedad terminal. Otro tanto había sucedido antes de su casamiento.

Son muchas las personas que, como Javier, *se valen inconscientemente de la enfermedad para concentrar todas sus angustias, objetivarlas y, así, hacerlas supuestamente más manejables.* Con el miedo a la enfermedad coronaria, por ejemplo, se objetivan miedos existenciales, miedo a afrontar el futuro, miedo a los cambios, miedo a lo nuevo.

Las dificultades para superar la muerte de un ser querido

Luego de la muerte de su padre, Lila experimentaba todos los síntomas que éste había padecido. Aunque todos los exámenes clínicos y de laboratorio lo desmentían, ella estaba empecinada en asegurar que padecía la misma enfermedad. De a poco, pudimos ver, en la terapia, que no podía elaborar de otra forma la muerte de su padre y que padeciera los mismos síntomas que él era una manera de sentir menos culpa por su pérdida.

La culpa es un sentimiento bastante frecuente entre las personas que pierden a un ser querido que, por medio de la enfermedad imaginaria, buscan una manera de liberarse de esa culpa.

La disconformidad con el propio cuerpo

Ester era hipocondríaca desde su adolescencia. Siempre había padecido problemas de obesidad y la contraposición que hacían, tanto su familia como sus allegados, con su hermana "linda y delgada" era, para ella, una fuente de mucho sufrimiento. Entonces, la enfermedad imaginaria era una forma de llamar la atención, precisamente, desde lo "negativo" de su cuerpo. Debido a que no podía llamar la atención por su esbeltez, lo hacía por sus "graves enfermedades" que constituían, en su imaginación, una mutación simbólica de la obesidad.

Por diferentes razones, son muchos los hipocondríacos que, a través de la enfermedad imaginaria, buscan llamar la atención que no creen que puedan lograr de otra forma.

Para tener en cuenta

Las causas más frecuentes de la hipocondría son la necesidad de objetivar una angustia indefinida, de "elaborar la culpa" por la muerte de un ser querido y de llamar la atención cuando se considera que no es posible hacerlo a través de cosas positivas. En cualquier caso, el miedo a la enfermedad es controlable. El hipocondríaco sufre realmente muchísimo, pero el sufrimiento puede remitir drásticamente con un tratamiento adecuado.

Test de autoevaluación

¿Qué lugar ocupo en la escala del miedo a la enfermedad?

El miedo a la enfermedad tiene escalas que van de un leve malestar a un trastorno paralizante. Conteste el siguiente test y sepa en qué punto de la tabla se encuentra.

1	2	3	4	5	6	7	8	9
Índice verde: temores normales.			Índice amarillo: alerta, temores considerables.			Índice rojo: peligro, temores paralizantes.		

1) *Quiere realizar un viaje de placer. El lugar que elige es:*
   a) "París, siempre soñé con conocer esa ciudad."
   b) "No, no creo que París. Debería pagar un hotel muy caro para disponer de un baño muy confortable."

c) "En este momento, ninguno. Hay demasiadas enfermedades circulando por el mundo."

2) El lugar para una cena íntima perfecta es:

a) "Cualquier restorán chiquito y acogedor, con iluminación tenue y música romántica."
b) "Un lugar bien conocido y reconocido por la calidad de sus alimentos."
c) "Mi propia casa. Así sé bien lo que voy a comer."

3) Lo que más aprecia de una vivienda es:

a) "Un *living* amplio para recibir amigos."
b) "Una cocina amplia para cocinar."
c) "Un baño amplio y cómodo, con hidromasaje, en el que pueda pasar mucho tiempo dedicándose al cuidado personal."

4) La bebida que más aprecia es:

a) "El champán. Sus burbujas contagian sensualidad y alegría."
b) "El vino tinto. Dicen que una copa por día ayuda a mejorar los problemas coronarios."
c) "El agua mineral sin gas, porque hidrata, incorpora minerales necesarios y mejora la piel."

5) "Vivir bien" es:

a) "Disfrutar de los buenos momentos, una mesa rodeada de la familia y los amigos."
b) "Vivir en equilibrio: comer naturalmente, hacer ejercicio y vida sana."
c) "No padecer enfermedades."

6) ¿Con qué periodicidad es conveniente hacerse un chequeo médico antes de los cincuenta años?

a) Una vez al año.
b) Dos veces al año.
c) Cada dos meses.

7) Su color favorito es:
a) El rojo.
b) El azul.
c) El marrón oscuro.

8) La vida es:
a) "Una experiencia maravillosa, aunque tengamos sinsabores."
b) "Una experiencia potencialmente maravillosa, aunque no siempre resulte así."
c) "Una experiencia que no se puede transitar sin sufrimiento."

9) Un buen amigo es:
a) "El que es capaz de escucharnos."
b) "El que nos quiere en las buenas y en las malas."
c) "El que está dispuesto a creer en nuestras palabras, aunque todos los demás se opongan a ellas."

10) Un buen día es:
a) "Aquel en que estamos rodeados de nuestros seres queridos."
b) "Un día en que recibimos la noticia de que nuestros análisis de sangre dieron perfectos o que nos dan la noticia de que seremos ascendidos en el trabajo."
c) "El día en que no recibimos mensajes negativos de nuestro cuerpo y podemos olvidarnos de él por varias horas."

Resultados

Mayoría de "a"
Índice verde: temores normales

Rara vez piensa en la enfermedad, a menos que tenga algún síntoma. En ese caso, acude al médico y, una vez que éste identifica alguna dolencia o le resta importancia a sus síntomas, se tranquiliza y no vuelve a pensar en el asunto. No es que no tenga la imaginación o la información necesarias como para negar que un lunar se pueda transformar en una lesión de piel más grave o que pueda antecederla, pero confía en la palabra del profesional y no pretende averiguar por su cuenta ni competir con él. No se siente invulnerable, pero tampoco se considera excepcionalmente expuesto a la enfermedad. Posiblemente, padezca algún otro tipo de temor, pero la enfermedad no aparece, en este momento de su vida, en su horizonte de preocupaciones.

Mayoría de "b"
Índice amarillo: alerta, temores considerables

El temor a la enfermedad no lo paraliza, pero consume buena parte de su energía. No le gusta escuchar hablar de enfermedades porque, luego de hacerlo, experimenta en su propio cuerpo todos los síntomas que escuchó. Prefiere eludir el tema y sólo va al médico cuando es imprescindible. Hacerlo le provoca angustia, porque teme que le anuncie alguna enfermedad grave. Si le hacen un chequeo en el trabajo, también experimenta cierto sobresalto. El miedo aparece cuando está angustiado, tiene problemas familiares o de trabajo, pero puede desaparecer por largos períodos. Todavía no es para alarmarse demasiado. Pero manténgase alerta. Si su miedo se incrementara un poco, podría llegar a ser un serio obstáculo para desarrollar sus tareas cotidianas, porque podría llegar a paralizarlo.

Mayoría de "c"
Índice rojo: peligro, temores paralizantes

Su temor a la enfermedad disminuye su calidad de vida. Debe actuar cuanto antes para no permitir que ese miedo paralizante se instale en su existencia de manera definitiva. Es mucho lo que se puede hacer para dejar de ser un "enfermo imaginario" como el de Molière. Para empezar, debe tomar conciencia de que lo es. Luego, puede adoptar las actitudes que se indican más abajo y, si no puede resolver el problema solo, un profesional podrá ayudarlo a hacerlo de manera eficiente. Pero no se resigne a sufrir miedo todo el tiempo. Su vida puede cambiar radical y positivamente si no se resigna a padecer pasivamente el pánico a la enfermedad y a la muerte. Existen técnicas específicas para controlar el miedo, reducirlo y circunscribirlo a un espacio aceptable, que nos permita convivir con él sin que nuestra existencia se opaque. Atrévase a vencer el miedo a la enfermedad porque existe una amplia batería de recursos a la que usted puede echar mano.

TIPS PRÁCTICOS PARA SUPERAR EL MIEDO A LA ENFERMEDAD

- Cuando sienta que el miedo lo paraliza, *recurra a su costado más racional y trate de evaluar todos los elementos que contradicen su fantasía de enfermedad.* Por ejemplo, que el médico lo revisó exhaustivamente y no le encontró nada, que los análisis dieron bien, que, si fuera cierto que padece esa enfermedad que se autodiagnostica desde hace tanto tiempo, no estaría en las buenas condiciones en que está.
- *Póngale candado a su imaginación.* Propóngase no fantasear siempre alrededor del mismo tema. Cada vez que se descubra a sí mismo pensando en la enfermedad, oblíguese a pensar en otra cosa o haga una actividad que lo distraiga y que requiera toda su atención. Por ejemplo, póngase al día con sus correos, escríbale a un amigo que hace mucho que no ve o aproveche para ordenar los cajones de su placar. *Cualquier actividad que requiera su atención lo sacará del círculo vicioso del pensamiento obsesivo.*
- *Procure no pasar mucho tiempo solo/a.* La compañía espanta los pensamientos negativos.
- *Practique alguna actividad física.* Lo hará ganar confianza en su cuerpo y, además, generará endorfinas, las hormonas del bienestar.
- *Deje de lado su omnipotencia y no compita con los médicos.* No lea textos de medicina y procure *no* recabar información constan-

temente sobre enfermedades. Esto sólo logrará que se sienta peor y que fantasee con padecimientos inexistentes.

- *Manténgase ocupado.* Las actividades variadas y los compromisos lo obligarán a ocupar su mente con otra cosa.
- *Si no está en pareja, e incluso si lo está, planifique pormenorizadamente los domingos.* Es el día de la semana en el que quienes padecen angustia la sienten con mayor intensidad. Ese día procure estar fuera de su casa el mayor tiempo posible.
- *Descarte las películas y los libros de ficción relacionados con enfermedades,* aunque se trate de obras de arte. Para las personas que atraviesan un período de hipersensibilidad al dolor, lo mejor es ver y leer historias divertidas que lo "corran" del lugar del sufrimiento.
- *Infórmese sin sobreinformarse.* Una cosa es conocer lo suficiente como para prevenir una enfermedad, haciéndose los análisis y chequeos pertinentes, con la frecuencia requerida, según la edad y el estado físico, y otra cosa muy diferente es que se sobreinforme. La sobreinformación, dado que no se puede procesar adecuadamente, lleva a que se saquen conclusiones erróneas y a que se viva "instalado" en el ámbito médico.
- *Evite las conversaciones acerca de enfermedades y manténgase a una distancia prudencial de las personas que hablan de éstas.* El hipocondríaco siente en el cuerpo propio lo que padece el cuerpo ajeno.
- *Cambie el foco y vuelque su interés sobre otros temas.* La enfermedad no puede ser ni el foco principal ni el telón de fondo sobre los que se desarrolle su vida.

Recuerde que el miedo a las enfermedades puede tener orígenes diversos: desde una necesidad de objetivar una angustia difusa hasta una disconformidad con el propio cuerpo. Pero, sea cual fuere su origen, es posible controlarlo y manejarlo. *El miedo a la enfermedad es un tipo de pensamiento catastrófico centrado en el cuerpo.*

Otras personas aplican el pensamiento catastrófico a objetos diferentes de su propio cuerpo: miedo al avión, miedo a ahogarse, miedo a conducir un auto y a chocar, miedo desmesurado por sus seres queridos, etcétera. Estos miedos son frecuentes en la gente pesimista que ve la posibilidad de una catástrofe agazapada detrás de las cosas buenas. Por ejemplo, si van a realizar el viaje de sus sueños, en vez de concentrarse en la dicha que eso significa, se centran en el padecimiento que supondrá el viaje en avión.

Para tener en cuenta

El miedo a la enfermedad y a la muerte es la expresión máxima del "pesimismo corporal", del pensamiento catastrófico autorreferencial. Es también una suerte de desconfianza hacia nuestro cuerpo, lo que pone en evidencia la existencia de una desconfianza en nosotros mismos. No es solamente que tenemos una estima escasa, sino que, además, nos consideramos a nivel corporal como una "usina de males". Afortunadamente, como a cualquier tipo de pesimismo, es posible combatirlo y dominarlo al punto de que no nos impida desarrollar una vida plena.

Capítulo 9

Miedo a quebrar los mandatos familiares

- *En las familias, suele haber mandatos ocultos. Por lo general, no somos conscientes de ellos, pero la posibilidad de quebrarlos nos produce miedo y angustia. Cómo "zafar", sin que tengamos temor, del camino que nos trazaron para que podamos construir nuestro propio camino.*

Cuando llegamos al mundo, llegamos con una historia, ocupamos un lugar predeterminado por nuestra familia y, a medida que crecemos, la familia se transforma en nuestro punto de referencia, nuestro pequeño mundo propio. Como dice Serrat, vamos absorbiendo las historias y mandatos familiares "con la leche templada y en cada canción".

Para decirlo en términos computacionales, la familia "formatea" nuestra forma de ver el mundo. Inconscientemente, manejamos una cosmovisión que nos ha sido dada. Por supuesto que, a lo largo de la vida, esa cosmovisión es enriquecida y modificada por nuestra propia experiencia, por nuestras propias vivencias y por nuestras propias racionalizaciones acerca de lo que nos rodea, pero siempre lo que hemos "mamado" en la infancia forma parte esencial de nuestra identidad.

Entre los materiales familiares que hemos incorporado, sin darnos cuenta, hasta convertirlos en parte de nuestra propia sangre, están los mandatos. El mandato es una orden o precepto que, en el caso familiar, por lo general, no está expresado en palabras, sino que se transmite y se recibe de manera inconsciente. Por ejemplo, para alguien nacido en una familia en que todos son universitarios, existe un mandato implícito de seguir una carrera universitaria, aunque éste jamás haya sido explicitado. La explicitación llega, si es que llega, cuando algún miembro de la familia lo quiebra o intenta quebrarlo. Si, en una familia de universitarios, un hijo se rehúsa a seguir una carrera universitaria, causará, seguramente, un disgusto familiar y, para seguir adelante, deberá estar lo suficientemente seguro de sus convicciones para tolerar convertirse, en cierto modo, en la "decepción" de la familia. Por supuesto, hay familias más abiertas y más cerradas respecto de sus tradiciones, pero siempre quien se aparta del mandato familiar tiene que afrontarse a ser considerado como "diferente".

Existen mandatos de muy diverso tipo. Algunos, como el caso de la carrera universitaria, son mandatos que podrían llamarse "positivos", aunque, en realidad, no lo sean para quien elige, por ejemplo, no hacer una carrera universitaria y dedicarse de lleno al arte. Pero existen también mandatos negativos en sí mismos. Así, en un pasado no tan lejano, existía el mandato generalizado de que la mujer no debía estudiar una carrera universitaria o, incluso, no debía seguir la educación secundaria. Tan difundido era este mandato que, podría decirse, casi era un mandato social.

Además, *existen otros mandatos que circulan dentro de la familia y que no tienen alcance más allá de ésta.* Por ejemplo, el mandato de no superar al padre, de hacer mucho dinero para ser considerado un triunfador o, por el contrario, de considerar que los ingresos limitados ponen en evidencia honestidad y una positiva falta de ambición. Hay mandatos relacionados con el dinero, con el tipo de pareja que hay que buscar, con la vida profesional, con el placer, con la alegría y con el sufrimiento.

También existen mandatos relacionados con la religión. Es muy probable que una familia que practica una religión determinada con mucha fe, les dé a sus hijos el mandato inconsciente de que se relacionen afectivamente con personas de la misma religión. Puede suceder que, por enamorarse de una persona de otra religión, uno de los hijos rompa el mandato con los hechos. Pero esta ruptura no siempre tiene su correlato en lo afectivo. Es posible que ese hijo se sienta en falta ante su familia, que sienta culpa. El amor resultó más fuerte que el mandato, pero éste no se quebró del todo. Lo mismo puede suceder cuando se elige a una persona que no tiene el mismo grado de religiosidad que la familia, aunque pertenezca a la misma religión. En cualquier caso, quien elige el amor, no siempre quiebra totalmente el mandato o lo quiebra desde el punto de vista fáctico, pero no deja de pensar, inconscientemente, que ha obrado mal, por lo cual el mandato no pierde su esencia.

En algunos casos, en las familias, hay un mandato de no romper un pacto de silencio, por lo que todos conocen un secreto, aunque actúan como si no lo conocieran: hijos fuera del matrimonio o separaciones que no se pueden aceptar.

Es muy difícil luchar contra los mandatos porque, la mayor parte de las veces, éstos son inconscientes. Muchos pacientes que llegan al consultorio, por ejemplo, porque tienen dificultades para transitar exitosamente por la vida laboral, no pueden darse cuenta, por sí mismos, de que tienen dificultades porque obedecen a una orden inconsciente que forma parte de su "formateo" psicológico.

Una vez que *se reconoce el mandato*, que *se lo puede objetivar*, viene una segunda parte del problema: cómo liberarse de él. *Liberarse de un mandato familiar significa, en algún punto, soltar el pasado, dejar la familia de origen atrás para construirse como individuo independiente, lo cual genera mucho miedo. Liberarse de un mandato familiar es desprenderse de un grupo compacto y, muchas veces, el miedo a este desprendimiento bloquea la realización personal.* Significa algo parecido a rechazar una herencia que se supone cuantiosa, pero que no se corresponde con el tipo de vida al que aspiramos.

Cómo detectar si opera inconscientemente sobre nosotros un mandato familiar

- *Hay ciertas acciones de muy diversa índole que nos generan culpa.* Puede ser comprarnos ropa, hacer un viaje, ser felices en pareja o no haber cumplido con lo que nuestros padres esperaban de nosotros.
- *Hay un conflicto recurrente en nosotros* que no podemos resolver por más que lo intentemos de mil maneras distintas. Por ejemplo, tenemos dificultades para relacionarnos afectivamente,

nunca conseguimos un trabajo que esté a la altura de nuestras capacidades o no tenemos la confianza suficiente en nosotros mismos para llevar a cabo el tipo de vida que soñamos. Es decir, siempre fracasamos en el mismo punto.

– *Sentimos sensación de confusión:* no nos podemos dar cuenta, por más que lo racionalicemos, de cuál es la causa de nuestro fracaso.
– *Sentimos una angustia desmesurada,* desproporcionada, cuando estamos por lograr un objetivo largamente acariciado.
– *Nos autoboicoteamos* por nuestros planes.
– *Experimentamos una infelicidad que no podemos poner en palabras,* porque desconocemos su causa.
– *No nos podemos dar cuenta de por qué hacemos ciertas cosas.*

EL MANDATO DE NO SUPERARSE. EL CASO DE DANTE

A los 45 años, Dante hacía un balance negativo de su vida. No había hecho una carrera universitaria y a eso lo cargaba como una tremenda frustración que no podía superar. No tenía una mala situación económica, pero eso no lo compensaba por no haber estudiado. Aunque el trabajo que hacía le gustaba –era diseñador gráfico–, sentía que una carrera universitaria le hubiera permitido volar más alto, incluso dentro del mismo rubro. Cuando le pregunté por qué no había seguido una carrera universitaria si realmente ése era su deseo, me dio una respuesta que es muy frecuente en quienes no pueden reconocer que obedecen a un mandato familiar: "No lo sé".

Entonces, comenzamos a remontarnos en su historia y encontramos la causa de su decisión. Su padre había sido una persona muy autoritaria y de escasa formación. Tenía muy mal carácter y, sencillamente, no podía reconocer los deseos del otro porque estaba demasiado centrado en sí mismo. Para el padre, no existían sino los valores que le había inculcado su propia familia: el trabajo duro y el ahorro. Todo lo que no fuera tangible e inmediato era, para él, incomprensible. Dada su falta de formación, a diferencia de la mayoría de los padres, no consideraba como un valor positivo impulsar a sus hijos hacia la superación. Por el contrario, todo el que hacía algo que él no podía entender era considerado más bien un enemigo.

Al poner esta situación en palabras, por primera vez, Dante pudo darse cuenta de que, aunque su padre nunca le pidió expresamente que no estudiara una carrera universitaria, le transmitió la idea de que hacerlo significaría separarse definitivamente de él, convertirse en un extraño, casi en un traidor. Darse cuenta de esto, constituyó para Dante tanto una revelación como una liberación: había encontrado el motivo por el cual no había hecho lo que deseaba. Reconocido el mandato familiar que había obedecido sin saberlo, se apropiaba de su propia vida y de su propio futuro.

El mandato de no destacarse. El caso de Karina

Inteligente, linda y con buena formación, Karina, sin embargo, tenía serias dificultades, tanto para mostrar su talento y conseguir un trabajo acorde con ello como para seducir al sexo opuesto.

La causa del abismo existente entre sus potencialidades y sus realizaciones estaba a la vista, pero Karina no pudo verlo hasta que no inició un tratamiento psicológico que le permitió objetivar lo que le pasaba. Su madre, proveniente de una familia de inmigrantes italianos, era la hija menor de tres hermanos, un varón –el mayor– y dos mujeres. Dado que la situación económica no era suficiente para mandar a todos los hijos a la universidad, la familia decidió que lo hiciera el mayor, no sólo por ser el mayor, sino también porque era varón. Con esta decisión, la actitud de la familia obedece también a un mandato social ancestral que privilegiaba al varón respecto de la mujer en el campo del conocimiento.

Karina, junto con su hermana, cuando ya había terminado el secundario, se pusieron a trabajar para aportar a la casa y, sobre todo, a la carrera de su hermano. Éste era el orgullo de la familia y se transformó en un pequeño déspota cuyo género y situación lo convertían en protagonista absoluto, mientras sus hermanas eran "su satélite". Así constituida la relación familiar, el mandato era claro: "no te destacarás por tus propios méritos, sino que serás siempre parte del coro anónimo que rodea a tu hermano". Que reconociera el mandato de que no se destacara, en la base de su sentimiento de frustración, fue el primer paso imprescindible para que Karina pudiera comenzar a tener realizaciones propias.

Para tener en cuenta

La gran dificultad para superar los mandatos familiares negativos que impiden nuestra realización personal, en los aspectos emocional o práctico, radica en que estos mandatos son inconscientes. Ni quienes los emiten ni quienes los reciben tienen conciencia de estar dando o recibiendo un mensaje, respectivamente. Por esa razón, es difícil darse cuenta de que actuamos según la presión de un mandato, y en esto consiste su gran poder. Hay una diferencia fundamental entre un mandato familiar inconsciente y una indicación expresa. Mientras esta última es clara y nos permite rebelarnos contra ella, si así lo deseamos, el mandato pasa a formar parte de nuestra propia cosmovisión sin que podamos advertirlo.
Sin embargo, esto no quiere decir que no se pueda luchar contra los mandatos. Pero la condición *sine qua non* para limitar su poder es detectarlos. Afortunadamente, existen métodos sencillos de detección que nos permiten hacer consciente lo inconsciente. Estos métodos exigen, sobre todo, introspección y paciencia; aunque su buen resultado está garantizado. Todas las respuestas están dentro de nosotros mismos. Sólo hay que aprender cómo buscarlas y encontrarlas.

Test de detección

¿Tengo signos de haber recibido un mandato familiar negativo?

Usted está presionado por un mandato familiar que le impide llevar una vida plena si tiene, al menos, cinco respuestas positivas.

	Sí	No
¿Reflexiono poco acerca de cómo son las relaciones interpersonales en mi familia de origen?		
¿Considero que los conceptos que heredé de mi familia son incuestionables y, en consecuencia, los aplico para mí y para los demás?		
¿Soy capaz de tomar distancia crítica frente a mi familia si, por ejemplo, mi pareja me señala una actitud que le molestó o considero siempre que mi familia tiene razón?		
¿Me atrevo a disentir en la mesa familiar?		
¿Me he rebelado, una vez pasada mi adolescencia, contra los valores de mi familia?		
¿Me cuesta formar pareja?		
¿Pienso a menudo qué pensaría mi familia frente a algunos hechos de mi vida, aunque haga mucho tiempo que no convivo con ella?		
¿Tengo problemas frecuentes con mi pareja o con mis amigos por ciertas intervenciones de mi familia?		
¿Dependo económicamente de mi familia, aunque ya tengo edad para valerme por mis propios medios?		
¿Alguna vez sentí que mi familia era un peso, aunque no pudiera establecer por qué?		
¿Siento, a veces, una sensación de ahogo cuyo origen desconozco?		
¿Considero que mi familia de origen es "el juez" natural para evaluar mis triunfos y fracasos?		
¿Me considero una persona demasiado dependiente de los afectos porque renuncio a muchas cosas por ellos?		
¿Cometo de forma reiterada el mismo error en algún aspecto de mi vida?		

¿Suelo engancharme en discusiones de nunca acabar con algún o algunos miembros de mi familia de origen?		
¿Viví con mis padres hasta el momento de formar pareja estable?		
¿Soy de las personas que se van de su casa, pero siguen llevando los fines de semana la ropa para lavar o que pide que algún miembro de la familia lo despierte cada mañana por teléfono?		
¿Considero que mi familia es "especial", sea en un sentido negativo o en uno positivo?		
¿Le temo demasiado al fracaso, al punto de ocultarle a mi familia de origen una experiencia de trabajo o afectiva que tuvo un resultado negativo?		
¿Trabajo en la empresa de mi familia y nunca se me ocurrió buscar trabajo fuera de ella?		
¿Me autoboicoteo? (Por ejemplo, me salgo de la dieta, no cumplo con las exigencias del trabajo aunque necesite trabajar, soy inconstante, siempre hago exactamente lo que mi pareja me pide que no haga, etc.).		
¿Seguí el mismo tipo de trabajo o profesión que mis padres, sin cuestionarme demasiado si me gustaba o no?		

Para tener en cuenta

Para vencer el miedo a quebrar los mandatos familiares es preciso, primero, detectar el mandato. Solamente luego de haberlo hecho se puede implementar la forma de liberarse de ellos.

TIPS PRÁCTICOS PARA QUEBRAR LOS MANDATOS FAMILIARES NEGATIVOS, NO SENTIR CULPA, MIRAR EL MUNDO CON NUESTROS PROPIOS OJOS Y LOGRAR LA REALIZACIÓN PERSONAL

- Levante su autoestima. Rodéese de un grupo de personas ajenas a su familia capaces de valorarlo/a y que sean afines a usted.
- Propóngase lograr objetivos pequeños y vaya aumentando, de a poco, la cantidad de los desafíos.
- Trate de distinguir entre afecto y sumisión. Se puede querer mucho a la familia de origen, lo que no significa que haya que obedecer a todos sus deseos.
- Trabaje mucho sobre su identidad. Haga una lista pormenorizada de cuáles son sus características distintivas. Seguramente, encontrará que en usted hay muchos valores positivos que no son una "herencia", sino que usted mismo/a se encargó de cultivar.
- Tenga en cuenta que quebrar los mandatos familiares no significa romper con la familia. Se trata de un proceso interno de independencia que no atañe ni a la frecuentación de la familia ni al afecto que siente por ella.
- Evite las discusiones desgastantes con su familia. Lo importante no es dejar en claro su postura en el aspecto discursivo, sino actuar según su propio criterio.
- Acepte que las relaciones familiares no son blancas o negras, sino que hay matices. No crea que debe aceptar o rechazar a su familia en bloque. Puede coincidir con ella en algunas cosas y disentir absolutamente en otras, sin que esto signifique un acto de desamor.
- Intente ser fiel a sus propios impulsos. Si, por ejemplo, siente deseos de hacer un viaje, pero siente que su familia, promotora absoluta del ahorro, no comprenderá su necesidad, opte por usted y haga lo que siente. Eso sí, no dé explicaciones, simplemente, comunique su decisión.
- Si no se siente lo suficientemente fuerte para llevar a cabo un proyecto que sabe que su familia de origen cuestionará, trate de no comunicarlo tempranamente para evitar el boicot fami-

liar que pueda culminar en autoboicot. Convénzase de que, al cumplir la mayoría de edad, estamos en condiciones de convertirnos en los timoneles de nuestra propia existencia.

Todos, sin excepción, recibimos mandatos familiares de los que no somos conscientes. Algunos son mandatos que podríamos calificar como positivos, por ejemplo, el mandato de superarse constantemente. Otros son en sí mismos negativos, como no destacarse o no superar al padre. Ambos casos, sin embargo, pueden resultar mandatos negativos por la sencilla razón que no obedecen a nuestro deseo, sino que son una imposición que hemos internalizado y que, por lo tanto, ha pasado a formar parte de nosotros mismos.

Afortunadamente, existe la posibilidad de "desformatearnos". El primer paso consiste en hacer consciente el mandato familiar inconsciente. El segundo consiste en controlar el miedo a quebrarlos, para poder vivir sin la presión de un deseo ajeno.

Puede ser que, a veces, los secretos familiares, o los hijos no naturales, o las separaciones no aclaradas sean "un clásico". Si bien en cada familia siempre hay cosas de las que "no se habla", cada vez hay más temas que son menos tabúes o más aceptados, como los hijos naturales, las infidelidades, etcétera. Se pueden hablar, aunque cueste hacerlo. En otros casos, sucede que alguien se casa con una persona de características distintas a las que "les gusta a la familia", de otra religión o de otro nivel de religiosidad que la familia. Todo esto implica romper con *hábitos y mandatos*... A éstos cuesta mucho vencerlos, porque están muy grabados en nuestro interior, como *mensajes*, y *son parte de nuestra historia y nuestra esencia*. Podemos modificar muchos afectos, pero estos mensajes tienden a emerger a la superficie. Trabajándolos bien, podemos *regrabar otros, con fuerza*; uno puede cambiar mucho, pero queda bastante de la esencia a pesar de que se logre romperlos.

Capítulo 10

Miedo a mostrarnos tal cual somos

- *Con frecuencia, creemos que mostrarnos como somos puede tener consecuencias negativas. Tememos exponer nuestras debilidades, pero también nuestras fortalezas, nuestros talentos. Por qué le tememos al "nudismo psíquico y afectivo", es decir, a mostrar quiénes somos.*
- *Cómo ponerle fin al padecimiento que implica el gesto de ocultarnos ante los otros.*

Vivir es autoafirmarse. Con cada decisión que tomamos, con cada actitud que nos torna visibles, con cada "salida a escena", la vida se transforma en un escenario. Actuar atrae las miradas, concita la atención. Y es por esta razón que, a veces, sufrimos "pánico escénico". Tememos ser mirados, observados y evaluados. Nos produce miedo que, en lugar de rosas y aplausos, podamos recibir silbatina y abucheos. La mirada de los otros nos desnuda física y psicológicamente. Por eso, con frecuencia, salimos a escena con una máscara, nos disfrazamos de otros, intentamos demostrar que somos lo que no somos.

¿Por qué le tememos a ese "nudismo psíquico y afectivo" que supone autoafirmarse y mostrarnos tal cual somos? Algunas veces, porque nos suponemos débiles. Otras veces, porque creemos que nuestras fortalezas y talentos pueden despertar una sensación de rechazo. Por esta razón, elegimos cubrirnos el rostro, ocultarnos y vivir con sordina. Estamos convencidos de que mostrarle al otro nuestra verdadera forma de ser es brindarle una información peligrosa, entregarle un poder, asignarle un dominio sobre nosotros.

El miedo a mostrarnos tal cual somos delata falta de confianza en nosotros mismos. Como no nos gustamos, no nos aceptamos, y vivimos en la autocrítica excesiva y el autorreproche, creemos que los demás nos juzgarán de la misma manera, nos medirán con la misma vara.

EL COMPLEJO JUEGO DE LAS MÁSCARAS

Cuando nos sentimos en peligro, mostrando nuestra verdadera identidad, recurrimos a las máscaras. *Esto significa que nos mostramos no como somos, sino como nos gustaría ser. Como en el Carnaval de Venecia, ocultamos nuestro rostro y tomamos una identidad prestada para no ser reconocidos.* En diferentes ocasiones, nuestra actuación es tan perfecta que hasta llegamos a engañarnos a nosotros mismos respecto de nuestra propia identidad. Pero ese engaño dura sólo un momento. Siempre hay un instante en que reconocemos ante nosotros mismos que estamos fingiendo porque nos da miedo ser auténticos.

Para saber a qué le tememos, es preciso observar la máscara que usamos. Las que abajo se detallan son las máscaras más frecuentes con que ocultamos nuestros rasgos verdaderos. Se trata de un juego interesante porque, por inversión, ante el ojo avezado, la máscara muestra, precisamente, qué es lo que se quiere ocultar. Lo que nos delata, siempre, es la sobreactuación.

1) La máscara de la seguridad

Hay personas que son "demasiado" seguras, es decir que su seguridad no deja entrever jamás la sombra de una duda. La persona realmente segura de sí misma, precisamente porque lo es, se permite dudar y no se siente menoscaba por eso. La que tiene sólo una máscara de persona segura, por el contrario, comete excesos en su papel. Se la reconoce porque jamás mantiene diálogos consigo misma del tipo "¿será realmente así?", "¿puede ser que me haya equivocado?". Además, nunca dice frases como "no estoy seguro, pero me parece que...". Tampoco, de ninguna manera, le pide consejos a nadie, porque eso sería reconocer que esa persona sabe más. Emite opinión sobre cualquier tema con absoluta seguridad, aunque se trate de uno que no domina.

Debajo de su máscara se oculta una persona que teme ser reconocida como insegura porque, en realidad, lo es.

2) La máscara de la soberbia

Esta máscara se caracteriza por una permanente actitud de desprecio hacia el prójimo. La persona que sobreactúa la soberbia mira a los demás "desde arriba", como si en vez de ser un humano como cualquier otro, fuera una estatua viviente parada sobre un pedestal. Jamás reconoce sus errores y siempre parte de la base de que nadie le llega "ni a la altura de los talones".

Debajo de su máscara se oculta una persona extremadamente vulnerable que antes que ser herida, prefiere ser ella quien hiera a los demás.

3) La máscara de la indiferencia

La persona que sobreactúa la indiferencia precisa mostrar que, en su vida, los demás no tienen cabida. Siente que si reconoce que precisa de los otros, delatará que, en realidad, es dependiente y necesita afecto. En la relación de pareja, es la persona que esconde sus celos, que prefiere que la llamen por teléfono a ser ella quien llame, que finge no interesarse demasiado en el otro porque vive el amor como una suerte de debilidad.

Debajo de su máscara se oculta una persona que se siente tan dependiente de los otros que teme aparecer como un "mendigo" de amor y comprensión.

4) La máscara de la frialdad

Quien se calza esta máscara siente que los sentimientos intensos son una forma de debilidad y dependencia. Es de las personas que jamás lloran en público, nunca levantan la voz en demostración de que están enojados, no se muestran sorprendidos por nada, no tienen reacciones apasionadas y se rehúsan a expresar admiración por otra persona, aunque sea un amigo o un artista reconocido.

Debajo de su máscara se oculta una persona que siente que la pasión lo vuelve frágil y vulnerable.

5) La máscara de la autosuficiencia

La persona que sobreactúa autosuficiencia siente terror de mostrarse como dependiente. En realidad, teme no poder contar con el amor que precisa, por eso prefiere fingir, incluso ante ella misma, que no necesita nada de nadie. Quien se oculta detrás de esta máscara nunca pide nada, incluso si lo necesita. Es incapaz de pedir ayuda, comprensión, apoyo o amor porque cree que si deja al desnudo sus necesidades, los demás se abusarán y la lastimarán.

Debajo de la máscara del autosuficiente hay alguien que no se atreve a pedir.

6) La máscara de la debilidad

Quien sobreactúa la debilidad puede ser tanto una persona que no se atreve a pedir amor, y prefiere pedir cuidados, como alguien que siente que mostrar su fortaleza hará que los demás lo dejen solo, ya que se supone que una persona fuerte no necesita tanto de los otros. Estas personas se autocalifican de "extremadamente sensibles", "débiles", "faltas de carácter", "faltas de astucia", "vulnerables". Sin embargo, tienen una fortaleza mayor que muchos que se dicen fuertes.

Debajo de esta máscara se encuentran los que temen que si no se muestran como "necesitados" o "indigentes afectivos" no recibirán el amor que precisan.

7) La máscara de la felicidad

La persona que se pone la máscara de la felicidad absoluta, en el fondo, considera que su vida no es lo suficientemente plena ni venturosa como para mostrarla tal cual es. Siente que carece de todo aquello que los demás tienen y siente que mostrar su insatisfacción por ciertos hechos de su vida –el sentimiento de insatisfacción que todo el mundo experimenta frente a las circunstancias adversas– hará que los demás la consideren como una persona frustrada que no tiene nada para ofrecer a quien se le acerque. Le da mucho miedo admitir derrotas, sinsabores y dolores, porque supone que ese tipo de cosas sólo las experimentan los débiles; y los débiles –piensa– son siempre vulnerables.

El miedo al "*striptease* afectivo"

Aunque diferentes entre sí, todas las máscaras tienen un elemento en común: quien las usa se siente vulnerable, le teme al *striptease* afectivo que pueda poner al desnudo sus sentimientos, sus debilidades, sus imperfecciones y también la fortaleza que siente como una cualidad negativa.

¿Por qué tememos exponernos ante los otros? Porque, dado que nuestra autoestima es baja y no nos queremos a nosotros mismos, pensamos que los demás descubrirán los mismos defectos que nosotros percibimos de nosotros y, por esa razón, nos quitarán su amor y su consideración. A causa de que no nos creemos merecedores de amor tal cual somos, nos disfrazamos de otro.

El *núcleo del conflicto,* como se ve, no está en los otros, sino *en nosotros mismos*. Como no nos amamos, tememos no ser amados. Como no nos aceptamos, tememos no ser aceptados. Como no nos perdonamos, tememos no ser perdonados. Como nos agredimos, tememos ser agredidos. *Nuestro razonamiento inconsciente es: ¿cómo puede querernos alguien cuando nosotros mismos no nos queremos?*

Con frecuencia, sin embargo, ponemos el problema afuera, lo ponemos en los demás. Decimos frases tales como "la gente se aprovecha de las debilidades", "la gente no soporta la debilidad", "si uno es demasiado confiado, la gente lo hiere". *No percibimos que también nosotros somos "la gente" y que todo lo que le adjudicamos a los demás es lo que nosotros hacemos con nosotros mismos. La baja autoestima es el origen del miedo a mostrarnos tal cual somos, a desnudar nuestra esencia.*

Para tener en cuenta

La autoestima es un amor incondicional por nosotros mismos. Esto no significa que no tengamos sentido de la autocrítica, pero sí que nos permitamos equivocaciones, dudas y debilidades sin sentir que eso menoscaba nuestro amor y nuestro respeto por nosotros mismos. Cuando tenemos la autoestima baja, nos da miedo mostrarnos tal cual somos porque proyectamos en los demás nuestro propio desamor hacia nuestra persona. Decimos que son los demás quienes nos vulneran, cuando, en realidad, somos nosotros los que nos sentimos vulnerables. Si fortalecemos nuestra autoestima, disminuimos el miedo a mostrar nuestra esencia.

Test de autoconocimiento

¿Tengo mi autoestima baja y por eso temo mostrarme tal cual soy?

Usted teme mostrarse tal cual es por falta de autoestima si contesta, por lo menos, cinco preguntas de manera negativa.

	Sí	No
¿Soy consciente de mis cualidades positivas y de mis potenciales?		
¿Soy consciente de mis limitaciones?		
¿Tengo las riendas de mi vida o, lo que es igual, no me dejo llevar siempre por las circunstancias y el azar?		
¿Cuido mi cuerpo de manera adecuada, dándole el alimento, el ejercicio y el descanso que precisa?		
¿Me siento capaz de amar y de ser amado?		
¿Mi amor hacia mí es incondicional o condicionado? Dicho de otra manera: ¿me quiero y me acepto aun cuando me equivoco o fracaso en algo?		
¿Soy capaz de fijarme objetivos y de trazar el camino para lograrlos?		
¿Soy consecuente con mis deseos?		
¿Trato de salir de las situaciones que me hacen sufrir?		
¿Elijo parejas que me hagan bien?		
¿Creo que los errores son una oportunidad para aprender?		
¿Soy entusiasta?		
¿Soy optimista?		
¿Confío en mis intuiciones y le hago caso a lo que me dice el corazón?		
¿Hago planes de futuro?		
¿Acepto mis errores?		
¿Estoy convencido de que la felicidad está dentro de mí?		
¿Me hago responsable de mis actos?		

TIPS PRÁCTICOS PARA FORTALECER LA AUTOESTIMA Y DEJAR DE TENER MIEDO A MOSTRARNOS COMO SOMOS

- Aprenda a mantener a raya sus pensamientos negativos. Cuando se dé cuenta de que está pensando en forma negativa, realice alguna acción que lo saque del círculo vicioso de sus pensamientos.
- Propóngase lograr pequeños objetivos a corto plazo. Por ejemplo, adelgazar dos o tres kilos o postularse para el trabajo con el que viene soñando hace tiempo. Luego, piense la forma en que va a implementar el logro de ese objetivo y, por último, fije la fecha en que ese objetivo debe cumplirse. Por supuesto, plantéese objetivos y plazos posibles. El logro de objetivos, por pequeños que sean, produce autoconfianza.
- Ejercítese en buscar el lado positivo de las cosas, aun de las cosas más negativas. Si logra ver el vaso medio lleno –y no medio vacío–, habrá hecho mucho por vencer su pesimismo y tendrá una visión menos pesimista de usted mismo.
- Convénzase de que la vida no puede "guardarse en un cajón con naftalina". Las emociones que no se expresan "se apolillan". Permitirnos expresar nuestras emociones nos vitaliza.
- Para lograr lo anterior, busque el punto justo. No se trata de que sea un kamikaze y que desnude sus emociones y sentimientos ante la primera persona que se le cruce. Confíe en su poder de evaluación para seleccionar a las personas frente a las que pueda desnudarse afectivamente sin que sea herido.
- Lleve un cuaderno con todos sus logros, en cualquier aspecto. Quienes tienen la autoestima baja suelen olvidarse de ellos. Trate de ser más flexible con usted mismo.
- No viva pendiente de la aceptación de los demás. Comience por aceptarse usted mismo/a.
- Propóngase cada día salir al mundo sin ninguna máscara. Muy pronto descubrirá el placer de mostrar su propio rostro.
- Tenga en cuenta que la sobreactuación termina por delatar nuestro miedo. Convénzase: no se puede ser quien no se es.

- Intente dejar de ser su propio verdugo y trátese con indulgencia.
- Internalice la idea de que ninguna persona es mejor ni peor que otra. Sencillamente, todos somos distintos. Cada uno de nosotros es único e irrepetible. Por eso, aprenda a tratarse como a una pieza única.
- Tómese su tiempo. El aumento de la autoestima es un "proceso", no se logra de la noche a la mañana. Por eso, no se desanime si no obtiene resultados inmediatos.

Para tener en cuenta

El miedo a mostrarnos tal cual somos es la consecuencia de una autoestima baja que nos hace sentirnos vulnerables. Nos consideramos "poca cosa" para presentarnos tal cual somos ante los demás o, por el contrario, tememos mostrar nuestros talentos por miedo a superar a la media y, en consecuencia, ser excluidos. En cualquiera de los dos casos, negar nuestra identidad supone ejercer una violencia sobre nosotros mismos que nos lleva al sufrimiento.

Cuando entramos en pánico frente a la posibilidad de que nos vean como somos, es porque en nosotros se ha operado un desdoblamiento: nos miramos a nosotros mismos con ojos de extraño, nos juzgamos con dureza excesiva y nos condenamos al ocultamiento. Aceptar nuestra verdadera identidad y reconocernos a nosotros mismos es el primer paso para perder el miedo a mostrarnos ante los demás.

Capítulo 11

Miedo al éxito

- *Aunque todo el mundo puede coincidir en las bondades y beneficios del éxito, llegado el momento de triunfar en algún aspecto de nuestra vida, no importa cuál sea la magnitud del triunfo, retrocedemos temerosos del éxito que pueda aguardarnos. Cómo luchar con el insólito flagelo de temerle a lo que es bueno.*

Si le preguntáramos a las personas de nuestro entorno si desean tener éxito en la vida, es probable que todas digan que sí. El éxito está considerado socialmente como un bien supremo. Es más, existe un mandato social de éxito que puede rastrearse fácilmente en las publicidades: autos caros, lugares paradisíacos, ropa cara y hermosas mujeres conforman la imagen del éxito económico. Matrimonios armónicos que alimentan correctamente a sus hijos con el yogur o el postre indicado son la imagen del éxito doméstico. El lápiz labial que atrae a todos los hombres o el perfume varonil que atrae a todas las mujeres son sinónimos del éxito sexual. La sociedad reclama éxito y es poco considerada con respecto a las personas que no lo obtienen.

Por esta razón, pululan los libros de autoayuda económica que indican de qué manera convertirnos en millonarios y son una gran noticia, que se difunde en todos los medios, las personas que, con la lotería o cualquier otro juego de azar, se vuelven millonarias de la noche a la mañana. Asimismo, como hemos visto en otros capítulos, solemos clasificar como "éxitos" o "fracasos" experiencias vitales que no habría por qué incluirlas en ninguno de éstos dos rubros o que, aunque consideradas por el tan mentado sentido común como "un fracaso", en realidad, constituyen un éxito (que una relación de pareja termine, por ejemplo, no significa que hayamos fracasado).

Por todas las razones que se especifican, entonces, *el miedo al éxito –un temor mucho más difundido de lo que suele creerse– es un miedo "paradojal". ¿Por qué solemos asustarnos cuando conseguimos lo que siempre soñamos? Hemos dejado este tipo específico de temor para el final porque se trata de un temor paradigmático, es decir que, en él, se condensan y se intensifican muchas de las características de todos los miedos analizados en los capítulos anteriores*. También crecer y amar es algo bueno, sin embargo, muchas veces le tememos. También en estos miedos como en tantos otros hay algo paradójico. En el miedo al éxito, el carácter paradojal resulta más que evidente.

¿Cómo puede explicarse que huyamos asustados de lo que estamos empeñados en conseguir? ¿Realmente, deseamos conseguir lo que decimos? Ésta es una pregunta fundamental porque, debajo de la formulación explícita de desear el éxito, muchas veces, escondemos un inconfesable miedo de lograr lo que nos proponemos. Existe una contradicción lógica entre ambas cosas, por lo que muy pocos de nosotros estaríamos dispuestos a aceptar que, en realidad, nos da miedo triunfar y que, por eso, reiteradas veces boicoteamos la posibilidad de alcanzar las metas que nos fijamos.

Tan importante es este tema contradictorio que el propio Freud le dedicó un artículo, "Los que fracasan cuando triunfan". La comprobación de que el triunfo puede significar, en algún punto de nuestro interior que no controlamos, un verdadero fracaso, sorprendió tanto al psicoanalista vienés que le hizo decir:

> Tanto más sorprendidos y aun confundidos quedamos, entonces, cuando, como médicos, hacemos la experiencia de que, en ocasiones, ciertos hombres enferman precisamente cuando se les cumple un deseo hondamente arraigado y por mucho tiempo perseguido. Parece como si no pudieran soportar su dicha, pues el vínculo causal entre la contracción de la enfermedad y el éxito no puede ponerse en duda.

Yo *no hablo de "enfermedad", sino de "conflicto"*. El conflicto al que nos referimos en este capítulo consiste en sentirnos mal –a veces, muy mal– cuando alcanzamos aquello que deseamos y, la mayor parte de las veces, por lo que luchamos mucho.

Por qué "fracasamos" cuando triunfamos

Para esta pregunta, no hay una sola respuesta, hay varias. Las causas pueden ser muy distintas, según la persona.

El éxito cumple un deseo ajeno. El caso de Nina

Nina visitó mi consultorio cuando, con sólo 24 años, obtuvo el título de médica con medalla de oro y Diploma de Honor. Hija única, sus padres cifraban en ella todas sus esperanzas. Debido a que tenían un buen pasar, le dieron una educación esmerada.

Nina había aprendido idiomas desde chica. Su padre, cuya carrera de medicina se frustró por la necesidad que había tenido de salir a trabajar, se había propuesto que su hija recibiera la educación formal que él no había podido tener. Recalco lo de "educación formal" porque si bien el padre de Nina no había hecho una carrera universitaria, era un hombre muy culto y muy inquieto intelectualmente. El abuelo de Nina había tenido una exitosa empresa que se fundió al poco tiempo de que su hijo, el papá de Nina, comenzó la carrera de medicina. Por esta razón, la abandonó y se puso a trabajar, a "hacerse desde abajo". El papá de Nina se había propuesto sacar a la familia de la situación lamentable en que la había dejado la quiebra de su padre. Dado que era un melómano, le transmitió a Nina su gusto por la música. Ésta soñó durante toda su infancia y su adolescencia con ser bailarina. Aprendió con diversos profesores y, cuando terminó el colegio secundario, ya estaba en condiciones de plantearse comenzar lentamente una tarea profesional. Pero su padre tenía otros planes que Nina no se animó a desobedecer. Es más, ni siquiera opuso resistencia, pues se convenció de que lo que le decía su padre era lo mejor. En realidad, tenía talentos diversos y la facilidad con que cursó la carrera de medicina la convenció de que la elección de su padre había sido acertada. Cuando finalizó la carrera, sin embargo, entró en crisis.

En sucesivas sesiones, tratamos de averiguar por qué. En realidad, mientras Nina era estudiante, mantuvo la fantasía de que la elección que había efectuado no era definitiva. Por lo tanto, podía seguir acariciando la idea de ser bailarina. Cuando obtuvo el diploma, cobró repentinamente conciencia de que, ya recibida, debía enfrentarse a una exigente vida profesional que no le permitiría cumplir con su sueño de pequeña: ser bailarina. En realidad, a esa carrera, en la que había tenido tan buenas calificaciones y que había terminado por gustarle, ella la sentía, en el momento de terminarla, como un deseo ajeno. A partir de ahí, nos dedicamos a establecer hasta qué punto había sido un deseo de otro y hasta qué punto había logrado convertirlo en un deseo propio. Pero la razón de la crisis estaba clara.

Para tener en cuenta

El miedo al triunfo puede esconder la creencia de que se realiza un deseo ajeno, en vez de uno propio.

El éxito remite a una situación desdichada. El caso de Carolina

Carolina era escritora. Amaba su vocación y se esforzaba por hacer su trabajo cada vez mejor. Entre las razones que la llevaron a mi consultorio, figuraba el hecho de que, cada vez que ganaba un premio literario, se ponía muy mal, la invadía una tristeza inexplicable y se sentía muy desdichada. La reacción resultaba inexplicable porque ella deseaba ganar concursos literarios, razón por la que se encargaba de enviar los originales a los certámenes que más le interesaban.

Con el desarrollo de las sesiones, le pregunté qué otros logros había tenido en su infancia que la habían hecho sentir mal. Carolina tenía una hermana menor con una enfermedad crónica que no le permitía hacer una vida normal, por ejemplo, asistir regularmente al colegio como todos los chicos de su edad. Por eso, la escolaridad de Carolina era "disimulada" en su casa, para no herir los sentimientos de su hermana enferma. Recordó que una vez la habían premiado por una composición escolar y llegó muy contenta con la noticia a su casa, y sus padres guardaron un silencio embarazoso; no querían que Carolina se siguiera explayando sobre el tema para que su hermana no sufriera. Cuando fue abanderada, por la misma razón, los padres silenciaron su logro y su madre no fue a presenciar el acto escolar. Este tipo de hechos se repitió muchas veces durante su niñez, por lo que, inconscientemente, Carolina incorporó la idea de que triunfar era malo porque generaba el disgusto y la actitud indiferente de sus padres hacia ella. El triunfo hería a su hermana, lo que hacía que Carolina se sintiera mala, casi una traidora que, si desestimaba la enfermedad de su hermana, mostrándole sus logros, se encargaba de poner de relieve la minusvalía de ésta.

Para tener en cuenta

El miedo al éxito puede obedecer a una asociación entre triunfo y desamor generada en la infancia.

El éxito nos produce vértigo porque nos obliga a salir al mundo. El caso de Matías

Matías planificaba radicarse en Alemania porque era el lugar en que podía desarrollar mejor su profesión de ingeniero. Tan convencido estaba de radicarse allí, al menos por un tiempo, dado que equivalía a obtener una carta de triunfo, que se dedicó, desde mucho antes de recibirse, a poner en juego todos los mecanismos necesarios para lograr lo que se proponía. Se puso a estudiar alemán, se relacionó con empresas alemanas, hizo un viaje previo para estudiar in situ sus posibilidades. Incluso, cuando comenzó a vislumbrar que su plan tenía muchas posibilidades de concretarse, le pidió a su novia que se casaran y se fueran juntos del país. Su novia, que nunca había tomado demasiado en serio el plan de Matías, le comunicó que ella no estaba dispuesta a irse al exterior. Él, que no estaba dispuesto a resignar su proyecto, no dudó en ponerle punto final a la relación.

Cuando una de las empresas a las que había mandado su currículum vitae le comunicó que lo iban a considerar porque le había parecido muy interesante, creyó que estaba tocando el cielo con las manos. Pero cuando lo llamaron por teléfono y le dijeron que lo tomaban para el trabajo para el que se había postulado y que le mandaban el pasaje para que se presentara lo más pronto posible, Matías entró en pánico. Tanto miedo experimentó que pretextó una enfermedad a fin de postergar el viaje.

Llegó a mi consultorio desesperado, diciendo frases como "¿qué hice?", "¿cómo puede decidir tan mal?", "ya no sé si tengo ganas de irme a Alemania y vivir lejos de mi familia y mis afectos"... Hicimos una terapia "*shock*" de cinco días, con un objetivo muy específico: dilucidar las causas de su miedo. Así, pudimos ver que su mecanismo era el mismo que el del chico que aprende a andar en bicicleta que, luego de un largo tramo en que avanza perfectamente, comprueba que su madre ya no está sosteniéndolo desde atrás. Entonces, de pronto, pierde el equilibrio y cae. Es que la sensación de avanzar por los propios medios, sin tener a nadie que sostenga el asiento de la bicicleta desde atrás, genera una gran sensación de vértigo; es el miedo a caminar solo, que mientras el objetivo a lograr está lejos, podemos manejar perfectamente. En cuanto ese objetivo se acerca hasta quedar frente a nosotros, sobreviene el "vértigo del logro". Irse significaba, para Matías, "desprenderse" de su vida anterior, lo que le generaba un verdadero estado de pánico.

Para tener en cuenta

El logro suele generar el mismo miedo que experimenta el chico que aprende a caminar y comprueba, por primera vez, que está caminando sin la ayuda de las manos de sus padres. *Lograr es, precisamente, desprendernos de las manos que nos aferran para darnos seguridad.*

Podría multiplicar los ejemplos, pero creo que éstos son suficientes para ilustrar con claridad la multiplicidad de causas a las que puede obedecer el miedo al éxito. Éstas pueden ser tanto de índole material como afectiva. *La independencia –desde la económica hasta la que produce la separación de una pareja– genera la sensación de no saber qué hacer con nuestro nuevo estado. Comprobar que tenemos la libertad de decidir por nosotros mismos puede resultar una situación placentera o aterradora.*

También nuestra falta de autoestima puede llevarnos a temer el éxito. Cuando conseguimos algo con lo que soñamos mucho –como puede ser un trabajo, una relación de pareja con la persona de la que nos sentimos enamorados hace muchísimo tiempo o un reconocimiento de alguien que admiramos–, *nuestra autoestima puede jugarnos una mala pasada e impulsarnos a hacer una ecuación inconsciente: "Si yo pude lograrlo, es porque, en verdad, no vale la pena"*. El inefable Groucho Marx explicó, sin saberlo, el mecanismo por el que renegamos de nuestros logros cuando tenemos la autoestima baja: "Jamás sería socio de un club que me aceptara a mí como socio". Para citar otro ejemplo, a mi paciente Ivana, la hizo entrar en pánico el hecho de haber conquistado al hombre de sus sueños: "¡Dios mío!, ¿qué hice?... Si ese hombre se fija en mí, debe ser un verdadero desastre", me dijo.

Otro elemento importante para tener en cuenta es lo que se llama *"la caída del día después"*. El éxito genera, en algunas personas, un miedo casi supersticioso, porque temen que se cumpla la sentencia que dice que "todo lo que sube también baja". El camino al éxito es, necesariamente, un camino ascendente. Pero, una vez que se llega a la cúspide, tal como me dijo alguna vez una paciente, "se acaban las escaleras y sólo queda luchar por mantenernos allí o comenzar a descender". Ésta es, por supuesto, una visión parcial, porque el éxito puede ser un fogonazo, aunque siempre queda algo de esa luz. Ese fogonazo produce incertidumbre respecto del futuro: "¿qué hago ahora?", "¿qué me depara el porvenir?", "¿cómo haré para no equivocarme y echar todos los logros por la borda?". *El triunfo es una suerte de escalón existencial que, cuando se sube, es muy difícil volver a bajar.* Así, si trabajamos en una empresa y deseamos hacer carrera allí, mientras vamos ascendiendo, tenemos sensación de crecimiento, de expansión; y si crecemos mucho y entonces podemos crear nuestra propia empresa, pero no nos va bien, volver al trabajo en relación de dependencia no nos permitirá, nuevamente, sentir que estamos prosperando, porque hasta llegar al puesto más alto sería para nosotros "un premio consuelo" con relación a lo que habíamos logrado y que no prosperó.

Ésta es la razón por la que, a veces, tememos comenzar a recorrer el camino ascendente del triunfo y preferimos "conformarnos" con logros más modestos que nos garanticen que todavía estamos en el principio del camino hacia la cima.

Para tener en cuenta

El miedo al éxito puede tener su origen en el temor a "la caída del día después", es decir, en el temor a que no nos podamos mantener en la cumbre y, en consecuencia, tengamos que descender el escalón existencial que acabamos de subir.

Test de autocontrol

¿Le tengo miedo al éxito?

Usted le teme al triunfo si, por lo menos, cinco de sus respuestas a las siguientes preguntas son afirmativas.

	Sí	No
¿Postergo el momento de concretar un éxito?		
¿Mientras intento tener éxito en algo me invade la seguridad de que nunca lo lograré?		
¿Soy de las personas a las que los sueños les parecen inalcanzables?		
¿Creo siempre que tengo todo el tiempo por delante para hacer lo que sueño?		
¿Siento una sensación de angustia inexplicable cuando estoy por lograr algo?		
¿Experimento cierta sensación de alivio cuando se frustra algún paso en el camino hacia un logro? (Por ejemplo, si decido estudiar inglés, me alivia que el primer día de clases la profesora falte).		
¿Fantaseo con situaciones de éxito, pero no pongo nunca en marcha la maquinaria necesaria para lograrlo?		
¿Suelo pensar que el éxito es más producto del azar que del esfuerzo?		
¿Comienzo a disminuir la velocidad de la carrera a medida que me acerco a la meta?		
¿Me boicoteo a mí mismo cuando estoy a punto de lograr algo?		

TIPS PRÁCTICOS PARA CONTROLAR EL MIEDO AL ÉXITO

- Tome conciencia, a partir de este capítulo, de que lo muy deseado y esperado puede provocar sentimientos negativos que son perfectamente explicables. De esta forma, estará mejor preparado para recibir las reacciones emocionales contradictorias que le puedan generar su éxitos. No se autoculpe por sentir miedo, porque únicamente logrará aumentar su malestar.
- Esté alerta respecto de posibles "autoboicots" de los objetivos que quiere lograr.
- Cuando se proponga una meta, lleve un diario de sus deseos hacia aquello que quiere conseguir. Le será útil como documento de comparación cuando el miedo comience a hacerle pensar que lo que hizo no tiene sentido.
  Indague sobre las causas de su miedo al éxito.
- Fortalezca su autoestima y siéntase merecedor/a de los logros que alcance.
- Evite la parálisis del miedo haciendo ejercicios de autocontrol. Si, por ejemplo, le confirman un logro que espera desde hace tiempo, trate de postergar todo tipo de reacción. Los acontecimientos nuevos siguen un proceso, no son aceptados de inmediato. Si le resta energía a la reacción, la idea del logro será incorporada de a poco y se le hará más tolerable.
- Comparta sus temores con sus seres queridos.
- Convénzase de que el miedo tiene una duración limitada. Si no reaccionamos con desesperación, termina por extinguirse.
- No escuche a quien menosprecia su conflicto diciéndole que es "inentendible" que alguien se sienta mal por algo bueno. No todo el mundo comprende los complejos mecanismos de la psiquis que, como en este caso, nos pueden jugar una mala pasada.

Índice

Mlibros impresiones

Este libro se termino de imprimir
en Octubre de 2009
Gral. Vedia 280 (1872) - Avellaneda
Buenos Aires - Argentina
4204-9013

Tirada 3000 ejemplares